老子心语

汪根发 注

新华出版社

图书在版编目（CIP）数据

老子心语/ 汪根发注.——北京：新华出版社，2019.2
ISBN 978-7-5166-4500-0

Ⅰ.①老... Ⅱ.①汪...Ⅲ.①道家②《道德经》—注释
Ⅳ.① B223.12

中国版本图书馆 CIP 数据核字（2019）第 030276 号

老子心语

　　　　注：汪根发

责任编辑：贾允河　　　　　　　**策　　划**：任登第　　王爱科
　　　　　　　　　　　　　　　　　责任校对：栾国英
封面设计：汪根发　　　　　　　**责任印制**：田逢俊

出版发行：新华出版社
地　　址：北京石景山区京原路 8 号 **邮　　编**：100040
网　　址：http://www.xinhuapub.com http://press.xinhuanet.com
经　　销：新华书店
购书热线： 010-63077122 　　**中国新闻书店购书热线**：010-63072012

印　　刷：北京合众伟业印刷有限公司
成品尺寸：160mmX230mm
印　　张：18.75 　　　　　　　**字　　数**：134 千字
版　　次：2019 年 2 月第一版 　　**印　　次**：2019 年 2 月第一次印刷

书　　号：ISBN 978-7-5166-4500-0
定　　价：59.00 元

图书如有印装问题，请与出版社联系调换：101-63077101

老子像：万物负阴而抱阳，冲气以为和

——汪易扬画

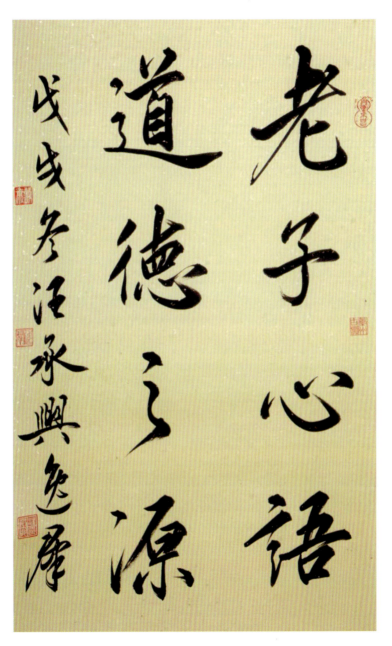

老子心语，道德之源。　——汪承兴题

目 录

序 言 1

前 言 11

《老子心语》 16

第一章 17

第二章 19

第三章 21

第四章 22

第五章 24

第六章 25

第七章 25

第八章 27

第九章 29

第十章 30

第十一章 33

第十二章 34

第十三章 36

第十四章 37

第十五章 40

第十六章 42

第十七章 45

第十八章 47

第十九章 48

第二十章 ·······································49

第二十一章 ·····································53

第二十二章 ·····································55

第二十三章 ·····································57

第二十四章 ·····································59

第二十五章 ·····································61

第二十六章 ·····································63

第二十七章 ·····································64

第二十八章 ·····································66

第二十九章 ·····································69

第三十章 ·······································70

第三十一章 ·····································72

第三十二章 ·····································74

第三十三章 ·····································76

第三十四章 ·····································78

第三十五章 ·····································79

第三十六章 ·····································80

第三十七章 ·····································82

第三十八章 ·····································84

第三十九章 ·····································88

第四十章 ·······································92

第四十一章 ·····································93

第四十二章 ·····································97

第四十三章 ·····································100

第四十四章 ·····································101

第四十五章……………………………………………………102

第四十六章……………………………………………………104

第四十七章……………………………………………………105

第四十八章……………………………………………………106

第四十九章……………………………………………………108

第五十章………………………………………………………110

第五十一章……………………………………………………112

第五十二章……………………………………………………114

第五十三章……………………………………………………116

第五十四章……………………………………………………118

第五十五章……………………………………………………120

第五十六章……………………………………………………124

第五十七章……………………………………………………126

第五十八章……………………………………………………129

第五十九章……………………………………………………131

第六十章………………………………………………………134

第六十一章……………………………………………………136

第六十二章……………………………………………………138

第六十三章……………………………………………………141

第六十四章……………………………………………………143

第六十五章……………………………………………………146

第六十六章……………………………………………………148

第六十七章……………………………………………………150

第六十八章……………………………………………………152

第六十九章……………………………………………………153

第七十章·······································155

第七十一章·····································157

第七十二章·····································158

第七十三章·····································160

第七十四章·····································162

第七十五章·····································164

第七十六章·····································165

第七十七章·····································167

第七十八章·····································168

第七十九章·····································169

第八十章·······································170

第八十一章·····································172

附《道德经》经文——宋刊河上公版·············175

《道德经》简体拼音版·····················176

《道德经》繁体版·······················239

后　记·······························218

参考书目·····························237

序　言

——王爱科

汪根发，中国现代茶道理论与实操体系的探索者，是茶界知名人士。

我和汪根发老师相识近二十年了，同是茶道中人。我们一起研讨茶道已有十几年的时间了。从去年底我们已筹备好，要做茶文化的推广活动。这时，汪老师的忘年交中央党校老教授任登第先生致电汪老师，想请汪老师完成老子的《道德经》的注释出版工作。

汪老师征询我的意见，要不要暂停茶道理论的出版，先完成任老的心愿。任老的要求是新版注释要有所创新，有所突破。要让老百姓都看得懂，能让老百姓在日常生活中应用，指导人们的工作和生活，更好地增加人们的道德能量（力量），为当今社会和谐做出实际贡献。难度还是非常大的。我鼓励汪老师说，难度很大，但可以干。您研究《道德经》已经二十多年了，完全可以把自己的心得和践行《道德经》的体会和大家分享，而且咱们研究的茶道正是以《道德经》

为基础的，所以并不冲突。先把老子的《道德经》注释出来，让更多的人先体会到大道，而不让"大道至简"这个成语流于口头。

《道德经》是春秋时期老子所著，距今已有 2500 多年。《道德经》对后世影响十分巨大，是中国文化的根源。可以说没有《道德经》就没有中华文明！

《道德经》在世界上的影响也很大。是除了《圣经》以外被翻译成最多种语言、发行量最大的传世经典，仅德文译本至少有九十多种。现在大部分德国青年都喜爱读《道德经》，将《道德经》作为手边书。

我们将新注释的老子《道德经》称之为《老子心语》，意为，老子的心地语言，现在就要问世了。我本人既不是教授，也不是学者。本来没有什么资格为这本全新的、有重大突破的学术专著写序，但汪老师鼓励我静心阅读，然后将读《老子心语》给人带来没有障碍、通达十方的喜悦心情与大众分享。

〈　一　〉

　　说起老子，在中国可说是无人不知，无人不晓。但有关老子的身世和历史，则知之甚少。现在通行的说法都是以司马迁的《史记·老子韩非列传》为据，摘录如下：

　　老子者，楚苦县厉乡曲仁里人也。姓李氏，名耳，字聃，周守藏室之史也。

　　孔子适周，将问礼于老子。老子曰："子所言者，其人与骨皆已朽矣，独其言在耳。且君子得其时则驾，不得其时则蓬累而行。吾闻之，良贾深藏若虚，君子盛德容貌若愚。去子之骄气与多欲，态色与淫志，是皆无益于子之身。吾所以告子，若是而已。"

　　孔子去，谓弟子曰："鸟，吾知其能飞；鱼，吾知其能游；兽，吾知其能走。走者可以为罔，游者可以为纶，飞者可以为矰[zēng]。至于龙，吾不能知其乘风云而上天。吾今日见老子，其犹龙邪！"

　　老子修道德，其学以自隐无名为务。居周久之，见周之衰，乃遂去。至关，关令尹喜曰："子将隐矣，强为我著书。"于是老子乃著书上下篇，言道德之意五千余言，而去，莫知其所终。

　　老子留下的历史资料甚少，好像有意不让后人知道他自己的生平。如果要彻底了解老子，最好的方法就是我们忘记老子这个人，全身心地进入到《道德经》经文中去体会感悟。

　　我个人认为，至于老子本人的生平并不重要。重要的是我们要用真心打开《道德经》这座宝库，通过《道德经》的真义，引导我们与大道相应、相融、相合。用道德指导我们的日常生活工作。让我们的一生行走在道德的金光大道上，让我们的生命在平凡的一生中得到升华。

〈 二 〉

　　老子的《老子》，又称《道德经》，亦名《老子五千言（文）》是道家以及道教的经典。同时又是中国优秀传统文化的根源，也是世界文化的经典。

《老子》一书，篇幅不长，分上下两篇，上篇为《道经》，下篇为《德经》。只用寥寥五千言，就将宇宙的本体、宇宙的现象、人与宇宙的关系、人怎样回归到宇宙的本体、人怎样运用宇宙的本体能量去应对现实的生活工作，讲得清清楚楚。老子不愧为中国哲学的鼻祖，也是世界哲学的先驱。

《老子》的成书年代早于西方哲学奠基人亚里士多德的鸿篇巨著。它早于《圣经》，早于《论语》，是人类迄今为止能够见到的最早、最系统、最伟大的哲学经典。据说，先秦以来，研究《老子》、注释《老子》的著作超过三千多种，具有代表性的也不少于一千多种。这从侧面说明了《老子》的巨大影响力。

〈三〉

采取什么样的新方式注释老子的《道德经》，能让它与普通老百姓产生共鸣，去指导我们的日常生活工作，是我们面临的重大问题。古今中外，为传承和弘扬《老子》的"大道"和"高德"的大智慧，对《老子》进行注释的注本，可以说不计其数。这些注释本往往是"仁者见仁，智者见智"，它们虽有所见，但也有所偏颇，与"真经"、"真义"不尽相同，有些甚至以批评的态度去注释，与老子本意相左。以至佛教大德憨山大师所说："诸家注释，多以己意为文。若与之角，则义愈晦。可见以文解文，人云亦云者甚多，更有甚者纯属不经之谈，以讹传讹，误己误人。"

古之译本，以先秦时代韩非子的《解老》、《喻老》两个版本最早。其后汉魏时期最著名的注释类作品有《老子河上公章句》，严遵的《老子指归》以及王弼的《老子注》，唐朝时期道教的祖师吕洞宾的《道德经心传》，明朝时期佛教大德憨山大师《老子道德经解》等等。

《老子河上公章句》是老学史上非常有影响的一部注释类著作，唐玄宗《御注老子》就以河上公本为宗旨。河上公本《道德经》也是后世最流行的版本之一。吕祖秘注《道德经心传》最其详尽。吕祖见世人疲敝，智慧不开，不识道德大义，遂注《心传》以明渊旨。吕祖言：五千言之旨，举世难传。道德之脉，非修人不能传。《道德经》旨理渊微，一语括万象之机，千言悉三才之奥，虽后之学者得其梗概，注者支离，读者未克了然，修者岂能纯粹？《心传》为道家人修炼丹道拨迷见朗月，言之凿凿。但是若非道家人，难于理解和掌握。明代憨山大师注的《老子道德经解》最为通透，其文简明，释题清晰明了，但若没有佛学造诣，也很难理解透彻。另外憨山大师也告诫后学，若不知老子，就像在虚空里瞪眼看究竟，眼前法法都是障碍，事事不得解脱。说明了《老子》的重要性。

综上所述，为了阐述老子《道德经》的精义，避免以文解文，以己之意揣测臆断之流弊，我们选用"心语"的方式，以《河上公道德经》版本直接对镜老子的心声。为求在本意上取其真义。采取一句一译，一段意思连贯，整篇又自成体系的体裁，经过无数个日日夜夜的快乐耕耘，《老子心语》终于要和大家见面了。

《老子心语》是一种以现代白话文表述，普通老百姓学习和日常生活工作中践行《道德经》的心得。摆脱了在注释《道德经》时在文字上打圈圈的羁绊，通过对经文的践行直达老子本意，使人学习一目了然，没有凝障。实践："理与事应，知行合一"。体证："道在当下，意止即现"。

　　《老子心语》对经文中许多读者难懂的字，作了全新的超越历史的突破注释。比如，道、无、有；非、德；玄、妙；微、希、夷；阴、阳等等。特别是对"非"和"玄"的开创性的解释。比如第一章中的"非常道"和"非常名"，通常注释者都把"非常"作为一个词汇，把"非"理解成"不是"的字义。而汪老师通过二十多年的研究和体悟，终于体证到了"非常"是分别来讲的。"非"是单独的字义，它的真义是，老子在此处用了一个象形字，作为大道本源的符号，表示："通达十方，光明无碍"之妙境。所以"道，可道，非常道。"应该断句为"道：可道，非常道。"再比如，第一章的"玄之又玄"，众多译家注释为玄妙之意，而汪老师认为"玄"不是玄妙幽深之意，它是"小之又小"，"极小"之意。"玄之又玄"是小得不能再小了，乃至极小极小了。

　　这些注释，使普通人在学习《道德经》时，能轻松自如地打开千年来《道德经》注释中一道道紧闭的门，使人当下认识到大道的真谛。还原了老子写《道德经》是给普通人民大众阅读的本意。

再有记忆犹新且难能可贵的是，当汪老师注释第五十七章、第五十八章、第五十九章、第六十章、第六十一章、第六十二章这六章时，给我打电话说，这几章只能按照治国安邦，统兵打仗的方式注释了，不然文理上行不通呀！我当时建议就按此思路注释吧。因为历代有很多大家也是这样注释的，包括现在的一些影视作品，也是这样表述的。然而在《老子心语》注释完成后我们进行讨论校正时，就突然感觉到了这六章要重新注释。否则，这六章与整篇不相融合，让人阅读时有堵塞感。再深刻体会老子的原意所在，经过一段时间沉淀，汪老师终于在百思不得其解，万般困惑时，在回乡祭祖期间，思绪犹如一道闪电划破夜空，照亮大地山川，豁然开朗。欣然领会了这六章的原意，老子还是让人们万变不离其宗，收回意识，安住在大道里，清静自化。至此《老子心语》全文通畅，简明易懂，浑然一体。《老子心语》终于达到了理想状态。

　　按照《老子心语》的方法，人们在日常生活工作中学习《道德经》，践行《道德经》，体证大道，行善积德，就非常简单了。它将供奉在神坛之上或玄在学术殿堂之中的《道德经》一下子推广到广大人民群众之中，使普通大众把《道德经》作为日常生活工作中的道德指南。能用《道德经》解决我们人生道路上所遇到的各种复杂的难题。我们期望人人都能读懂《道德经》，人人都能践行《道德经》。一个人与人之间互敬互爱、和谐、安宁的大同世界将永驻人间。

2018 年 12 月 16 日于北京

王爱科，北京人，1962 年出生。九十年代初因热爱中华茶文化，创办北京茗香利苑茶艺馆，研习中国茶道，探索中华茶文化理论体系。现为中国高级茶道养生师。

前　言

　　《老子》又名《道德经》，是中华优秀传统文化的根源，千百年来，注释者甚多。有从宗教修行方面的注释，有从人文学术层面的注释，有从文字表面的注释，有从养身方面的注释，有从从事各自领域方面的注释（如：治国篇、军事篇、商业经营管理篇等等），有从哲学层面的注释。

　　目前为止，还没有哪一本注释本，能以通俗易懂而又不失道德义理的语言，走进平常老百姓的家中，让人们在日常生活中真正受用。

　　历史需要时间的累积，再干净的房子，如果不常清扫，总会留下灰尘，时间长了，就会形成尘垢。

　　时至今日，"道"这个字，似乎离普通老百姓已经很遥远。如果说，某人得"道"了，那可是了不得的事情。假如，与你朝夕相处的一个人，他说他得"道"

了，你肯定认为他是在说笑话。

老子在《道德经》第七十章说得很清楚，"吾言甚易知，甚易行"。就是说，得"道"这件事，在理论方法上是很简单的，在实践中，也是非常容易做到的，没有什么高深玄奥，就像吃饭、睡觉一样简单。

《道德经》是经典，是老子与大道合一后，道心的自然流露。它，虽然只是区区五千言，但，句句都揭示了宇宙的真理。所以，学习、研究、践行《道德经》，必须以恭敬至诚的心去与感通。要有坚如磐石的信心，万不可以自我的思维进行臆想，或是以批评的态度去对待这部圣典。

《老子心语》是以宋刊河上公版《道德经》为原文，为了适应当代人的阅读习惯，采取一句经文一注释，一段经文内容自然连贯，整篇又自成体系的体裁。为了回避读者在阅读中陷入对"字"的解释形成异议，《老子心语》对单个"字"没有作注解，直接将字义含在每句经文注释中，让人阅读时，一气通读，没有停顿疑滞，心情爽朗。

　　《道德经》五千言，其核心在第一章。第一章将大道的本体、大道的表象、大道的本源、大道与宇宙的关系、我们怎样认识大道的方法和体证大道的真实境界都讲的非常清楚。第二章至第三十七章是从不同的角度讲认识大道的方法和体证大道的实境。第三十八章至第八十一章是讲我们怎样在日常生活工作中运用大道原理，端正意识，让我们的行为始终符合道德标准，做一个大公无私、全心全意为人民服务的人。同时，又帮助我们在人生的道路上不断地纠正错误，走在正道上，回归道德，让我们的生命升华。

　　我们认为：《道德经》这部经典，是一部极通俗易懂的人生指南，它让人们在日常生活工作中始终保持一颗善良的心，意识不偏离道德，行为符合规律，让人们在平凡的生活工作中成就快乐自在，幸福美满的人生。

　　老子写《道德经》的本意，就是给普通人民群众看的，他希望人类能永久的处在道德社会。

　　当今的时代，正是中华优秀传统文化兴盛的时代，此时将《道德经》简单通俗而又不失义理，推广到广大群众中，让人人读懂《道德经》，人人践行《道德经》，从而实现人人遵道德，人人守法纪。对构建家庭和睦，社会和谐，人类和平，具有实实在在的现实意义和深远的历史意义。

　　由于我们的水平极为有限，这本薄薄的《老子心语》，仅仅是抛砖引玉，我们真诚地希望，一切热衷于中华优秀传统文化的仁人志士能够渐渐汇聚起来，形成一个强大的团队，然后，针对《道德经》这部伟大的经典做出以下步骤。

一、逐字注解，逐句注解，逐段注解，形成通俗易懂的家庭版。

二、形成图文并茂的儿童版。

三、按照教材模式，形成小学版、中学版、大学版。

四、逐步解析《道德经》的义理，形成完善的《道德经》哲学体系。

　　然后，尽我们的一生，广为传播，使《道德经》这部引导人们当下得"道"的经典，能遍及全世界的每一个角落，让世界充满着道德光明。

汪根发

2018 年 10 月 26 日于北京

老子心语

第一章

道：可道，非常道。

心语：大道是什么？

大道表象的运行规律是可以通过我们的反复观察分析而认识的。

大道本体是可以通过我们体悟而感应的。

通达十方，光明无碍，本来存在，恒常不变的心体是大道的本源。

【注：道，即大道，指大道表象、大道本体与大道本源的一元体。】

名：可名，非常名。

心语：怎样理解名呢？

大道表象的运行规律，体悟大道本体的感应，是可以用文字、语言、符号等方式表述的。

通达十方，光明无碍，本来存在，恒常不变的心体才是大道的本名。大道本名无法言说，只可体证。

【注：名，即可名与非常名的一元体。】

无，名天地之始。

心语：无即是大道的本体。(我们将意识安住道中，让意识止住，直到意识完全自化，意识与大道同体时，就可以体感到"无"的真实境界)，我们可以认为"无"是念头没有生起前大道光明无碍的本体。

有，名万物之母。

心语：有，即是大道本体（无）中，念头已生，但此时念头还没有妄动。(我们将意识安住道中，当意识止住，不再外逸，没有自己的见解时，就会体感到"有"的真实境界)，我们可以认为"有"是宇宙万物已经在"无"中孕育了。

　　【特注："无"、"有"是老子借来的两个讲"大道"的专用名词，来表现"大道"的名相，我们应与"无"、"有"其它的字意加以区分。】

故，常无，欲以观其妙。常有，欲以观其徼。

心语：所以，我们将意识安住道中，意识完全自化，与道同体时，就可以观到大道真空妙有的真实境界。我们将意识安住道中，让意识止住，不再外逸，没有自己的见解时，就能够观到宇宙万物刚刚在大道本体中孕育的状态。

此两者，同出而异名。

心语："无"和"有"，是道体和道能功用的关系。名称虽不一样，但与大道是同体的，不可分割的。

同谓之玄，玄之又玄，众妙之门。

心语：我们将意识安住道中，意识在道中自化，化得越来越小，归到"有"的状态。然后，意识再以"有"的状态完全自化与道同体，归到"无"的状态。按照以上方法修行大道的人，都可以体感到大道的无形无状而又真实存在的真空妙有本体，从而进入大道的门庭。

第二章

天下皆知美之为美，斯恶已。
皆知善之为善，斯不善已。

心语：天下人都知道美的东西是美好的，那是因为与丑恶的东西比较而感知的。

天下人都知道善良的事物是善的，那是因为与不善的事物比较而感知的。

故，有无相生，难易相成，长短相形，高下相倾，音声相和，前后相随。

心语：所以，有是从无中自生的，有可以化为无。难和易是相互成就的，长与短是相互存在的，高与下是相互呼应的，音与声是相互和谐的，前与后是相互依随的。

是以，圣人处无为之事，行不言之教。

心语：因此，得道的人（圣人）都是按自然规律做事。在做人做事中体现道德而达到教化众生，使其从违背道德走向遵循道德。

万物作焉而不辞，生而不有，为而不恃，功成而弗居。

心语：纵观自然界的物质，都是按照自然生长规律在默默生长而不言语，虽然长成了，自己却不占有。虽然有用处，自己却不恃功。虽然对社会有贡献，自己却不居功。

夫惟弗居，是以不去。

心语：正是因他们不居功，所以他们的德性与自然同在，永不消失。

第三章

不尚贤，使民不争。不贵难得之货，使民不为盗。不见可欲，使心不乱。

心语：不去崇拜高贵的人（不去看不起低贱的人），那么我们的意识就不会产生争斗。不把稀有的东西看得很贵重，那么我们的意识就不会起占有的贪心。我们的意识不要被看到的欲望牵着走，我们的心就不会烦躁不安，混乱无比。

是以，圣人治；虚其心，实其腹，弱其志，强其骨。

心语：因此，得道的人（圣人）修身的方法是：将自己的心量打开的像虚空一样宽广无边。让心体光明充盈，将自己的意识心融化在这光明之中，让大公无私的道心强大起来，永远伴随着自己。

常使民无知无欲，使夫知者不敢为也。

心语：我们要恒常保持光明的道心，始终让意识保持与大道合为一体，感知大道本体的真实存在，以大道大公无私的奉献精神作为我们人生的价值观并成为我们日常生活工作的行动指南。假使我们的意识攀缘妄念，我们应立即以道心观照，让意识停止行动，安住道中，不去妄为，渐渐自化为光明的道心。

为无为，则无不治。

心语：我们所有的行为都遵循自然规律，那么，我们就会渐渐地将我们的意识化成光明的道心，使我们成为一个得道的圣人。

第四章

道冲，而用之或不盈。

心语：大道通达十方，广阔无垠，像虚空一样无边无际，它的作用无处不在，用之不尽。

渊乎，似万物之宗。

心语：大道深广无际，隐隐约约地用心去感知它，好像似宇宙万物的本源。

挫其锐，解其纷，和其光，同其尘。

心语：大道之光明，能融化人的争斗之气，能理顺人混乱的思绪，宇宙万物都在大道的光明之中，大道的光明始终陪伴着宇宙万物。

湛兮，似若存。

心语：大道宽广无际的明亮心体，我们似乎感知到它虽无形但又实实在在的真实存在。

吾不知谁之子，象帝之先。

心语：我们无法知道大道是如何生成的，好像是宇宙万物未生之前，它就存在在那里了。

第五章

天地不仁，以万物为刍狗。

心语：天地没有偏爱之心，始终以大爱平等之心滋养
万物。

圣人不仁，以百姓为刍狗。

心语：得道的人（圣人），没有偏爱之心，如始以大
爱之心平等地关爱教化所有人。

天地之间，其犹橐龠乎？虚而不屈，动而愈出。

心语：天地之间，就好像是一个大风箱。我们若用道
心去观它，虚空而无物，但又不弃万物。我们若用意
识心去看它，它动而不止，用之不尽。

多言数穷，不如守中。

心语：我们用意识心夸夸其谈，会消耗我们的精气神，

不如沉默寡言，让意识心安住在道心中，最终意识心与道心合二为一，是为坚守中道。

第六章

谷神不死，是谓玄牝，玄牝之门，是谓天地根。

心语：大道就像虚空无际的神灵，它是永恒不灭的，是宇宙万物之本源。这个本源一旦开启，宇宙万物就会生成，也就是说，宇宙万物都是从大道中生来的，大道是宇宙万物的根本。

绵绵若存，用之不勤。

心语：大道虽然虚无，但它又确实存在，它无处不在，始终以绵柔之爱在滋养宇宙万物。我们要放下自己的意识，让意识心与道心相合，这样，大道的功用我们就用之不尽。

第七章

天长地久。天地所以能长且久者，以其不自生，故能

长生。

心语：（相对于稍纵即逝的人生），天地是长久地存在的。天地为什么能长久地存在呢？就是因为天地的生存不是为了自己，而是为了孕育和繁殖万物。这种大公无私的心是天地长久的原因。

是以，圣人，后其身而身先，外其身而身存。

心语：因此，得道的人（圣人），一辈子不计名利得失，用大爱之心为人民勤勤恳恳地办事，反而得到了人民的敬仰。为了人民的利益，圣人宁可舍去自己的性命，也在所不惜。因此，他们能像天地一样长久地活在人民心中。

非以其无私邪，故能成其私。

心语：正因为圣人心胸坦荡，大公无私地为人民谋幸福，反过来，成就了他们在人民心目中永垂不朽的光辉形象。

第八章

上善若水。水善，利万物而不争。处众人之所恶，故几于道。

心语：至上的善良本性就像水一样。水的善良品质，可以表现为，孕育万物生长却从不与万物争功。大家都喜欢的地方水能居在这个地方为大家所用。大家不喜欢去的地方，水依然居在这些地方为万物所用。所以，水的品质就像大道一样，公正平等、无私奉献。

居善地。

心语：我们无论居住在什么地方，都要像水一样，用善良的心对待这个地方。

心善渊。

心语：我们的心始终要像水一样善良，深广无际。

与善仁。

心语：我们与人交往，一定要像水一样善良，大仁大爱。

言善信。

心语：我们平时言谈一定要像水一样善良，诚实守信。

正善治。

心语：我们的心一定要像水一样善良，意识始终与道合一，让我们永远不偏离大道。

事善能。

心语：我们要像水一样，用善良的心对待一切事情，做事时，将我们的能力发挥到极致，不怕苦，不怕累，只用善良的爱心做事，不求回报。

动善时。

心语：我们所有的行动，都要时刻保持像水一样善良，无私地滋养万物。

夫唯不争，故无尤。

心语：因为我们始终保持像水一样，既能居上，又甘居下的不争而奉献的善良品质，所以我们就不可能有忧愁的事出现。

第九章

持而盈之，不如其已。

心语：将别人的功德全部占为己有，不如踏踏实实地做好自己的本职工作。

揣而锐之，不可长保。

心语：做人处处锋芒毕露，霸气十足，就不能长久保持你的社会地位。

金玉满堂，莫之能守。

心语：你将大众的财富占为己有，家里到处都是金银珠宝，这些财宝，你是守不住的。

富贵而骄，自遗其咎。

心语：你因为有财有势，而骄横霸道，作恶多端，就会自己招来灾祸，大难临头。

功成名遂身退，天之道。

心语：我们一旦功成名就时，就应该将功名奉献给社会，我们就像水一样甘居下层，做个平凡与世无争的人，这才符合自然之道。

第十章

载营魄抱一，能无离？

心语：将我们攀缘在外散乱的意识全部收回，放下所有的想法，让意识与道合为一体。你能长久地保持这样的状态吗？

专气致柔，能婴儿？

心语：意识与道相合，你是有感知的，你觉得全身真气充盈，身心柔软。这时，你能像婴儿一样天真。不去享受，不去分别这种感受，任它自然地流淌吗？

涤除玄览，能无疵？

心语：你心体中自私的污染，就如同铜镜上的灰尘被擦得干干净净，透亮光明。你能永久保持它再不生瑕疵吗？

爱民治国，能无知？

心语：你的每一个细胞，每一个器官，以及整个身体都在大道大爱的光明中浸浴着，你能保持这种状况而从事社会活动吗？把大爱借行事奉献给社会吗？

天门开阖，能无雌？

心语：当你封闭已久的心门顿然开启，光芒四射时，能否保持平静而不兴奋呢？

明白四达，能无知？

心语：心门打开，心体无边无际，光明无量，含藏万物。这时，你能让你的意识保持不动吗？让你的心体永远保持空灵明亮吗？

生之畜之。

心语：当我们按照上面说的方法，我们本具的道心慢慢生起时，我们默默地平静地让它长大。

生而不有。

心语：虽然我们的道心生起来了，我们却不能占有它，因为，它本来就存在。

为而不恃。

心语：我们住在道心中行事，肯定会取得惊人的成就，但我们丝毫不会据为己有。

长而不宰，是谓玄德。

心语：随着我们的道心不断坚固，功德不断累积，道心越来越坚强广大，我们不要截断它，让它无尽的强大下去，无边无际，无有尽头，这才是真正的从自我走向大公的道德行为。

第十一章

三十辐共一毂，当其无，有车之用。

心语：三十根车辐条，共同连接在一个车轴头上。当车轴到车轮之间，车辐条与车辐条之间是空的时候，这时车轮才有行走的作用。

埏埴以为器，当其无，有器之用。

心语：揉搅拍打粘土，把它制作烧成器皿，器皿中间必须留空，它才有器具的作用。

凿户牖以为室，当其无，有室之用。

心语：我们建房屋，必须要开门，开窗，当用墙壁围成的空间通过门窗与外面的空连成一体时，房屋才有真正的使用价值。

故，有之以为利，无之以为用。

心语：通过以上的比喻，我们看事物要透过现象看本质。有利益的物质是有形的，但有形物质的利益和作用是通过物质的本质"无"来发挥的。"有"和"无"始终是一体的，不可以分割的。

第十二章

五色令人目盲。

心语：沉迷于五彩斑斓的色彩之中，人容易被色彩的假象遮住，看不清事物的本质。

五音令人耳聋。

心语：沉迷享受型音乐之中，容易被音乐的假象所迷，听不到真正的真理。

五味令人口爽。

心语：沉迷美味佳肴的享受中，就会被美食的表面味道所蒙蔽，享受不了美食本来的至真自然味道。

驰骋田猎，令人心发狂。

心语：在野外纵情骑马追杀猎物，会使人的意识心变得疯狂。

难得之货，令人行妨。

心语：贪求珍稀物品，会使人行为变得恶劣，损坏人的德行。

是以，圣人为腹不为目。故去彼取此。

心语：因此，得道的人（圣人）时刻都与道合为一体，躺在大道的光明之中，不去追求色声味的物质享受，不去放纵自己的私欲，不去贪求珍稀物品。

所以，我们要摒除外在的浮华，让心与道始终合为一体，安住在安宁与光明之中，行走在人生的大道上。

第十三章

宠辱若惊，贵大患若身。

心语：当我们意识与道相背离时，我们要小心谨慎，让意识与道相合。当我们的意识与大道相合，我们小心谨慎，以防意识与道相离。只有这样，才能防止一切忧患降临到我们的身上。

何谓宠辱？辱为下，得之若惊，失之若惊。是谓宠辱若惊。

心语：怎样来解释"宠辱若惊"呢？辱，即是大道的光明普照万物，也普照我们的心，当我们的意识与道相合时，名为辱，我们应小心谨慎，以防止意识脱离道心。当我们的意识与道相背离时，名宠，我们更要小心，赶紧反思，让意识与道相合。这就是宠辱若惊的道理，其目的是让我们始终保持中道。

何谓贵大患若身？吾所以有大患者，为吾有身，及吾无身，吾有何患？

心语：怎样来解释"贵大患若身"呢？我们之所以感觉有大的忧患，是因为我们从自我出发，是自我意识，若将自我意识与大道相合，小我融入大我，即是"无"的境界，以大道的光明本体为我。那么，我们还有什么忧患呢？也就是说，一切忧患都是来帮助我们成就大道的。

故贵以身为天下者，则可寄于天下。

心语：所以，当意识与道相合时，心胸宽广，包容宇宙万物。

爱以身为天下者。乃可以托于天下。

心语：道心的光明普照天下，宇宙万物都会受到道心光明的无私滋养。

第十四章

视之不见，名为夷；听之不闻，名曰希。抟之不得，名曰微。此三者不可致诘。

心语：我们要收回我们的意识，然后，我们用眼睛去观察宇宙，要突破所有的障碍，直到心体打开，光明透亮而现道体，这种体道的方法叫做"夷"。

我们用耳朵听自然界声音，要突破所有声音的障碍，直到心体打开，光明透亮而现道体，这种体道的方法叫"希"。

我们用身体去感触事物，要突破所有的觉受，直到心体打开，光明透亮而现道体，这种体道的方法叫"微"。收回我们的意识，将意识安住道中，以夷、希、微三种方法可以当下证得大道，是真实的，是不能产生任何丝毫疑问的。

故，混而为一，其上不皦，其下不昧，绳绳不可名，复归于无物。是谓无状之状，无物之象，是为忽恍。

心语：所以，我们若想体感到大道，我们必须收回我们的意识，将意识安住道中，意识自化，与道合一，我们自然会见到光明透亮的道体。道体的上面没有一点不明亮的地方，下面没有一点不光明的地方。道体光明无边无际，没有办法用语言表述，这光明透亮的

道体没有任何物质现象能阻碍住，它通达无碍。光明
透亮的道体，没有具体的形状，但它又确实存在，它
无法用物质形态表现出来，但它确有真实的形像。这
种若有若无的道体，我给它起了个名字，叫"忽恍"。

迎之不见其首，随之不见其后。

心语：我们要追寻大道的起源吗？我们无法知道它从
什么时间诞生的。它是本来存在的。

　　我们要追寻大道的去向吗？我们无法知道它走
向何方。它没有终止。

执古之道，以御今之有。

心语：我们要将我们的意识与道相合，躺在大道的光
明心体之中，以大道的博爱之心做好我们当下的事。

以知古始，是为道纪。

心语：这样，我们就回归到了大道的本源，而又不舍
当下现实，这才是真正把握了大道的纲领。

第十五章

古之善为士者，微妙玄通，深不可识。

心语：上古的修道人，善于掌握修道的捷径，他们收回自我意识，将意识安住道中，用身心去感触事物，突破事物所有的觉受牵制，打开心体，证得道体的真空妙有、光明无碍、通达十方、永恒存在的真实境界。道体深广，无边无际，无法用意识想象。

夫唯不可识，故强为之容。

心语：因为得道的境界无法用意识想象，所以为了传播大道，就只能用比喻来勉强地描述它了。

与兮，若冬涉川。犹兮，若畏四邻。俨兮，其若客，涣兮，若冰之将释。敦兮，其若朴。旷兮，其若谷，浑兮，其若浊。

心语：得道的人（圣人），时时谨慎小心，害怕个人意识与道背离，就像行走在冬天的冰川上一样小心谨慎。做任何事都是站在别人立场考虑，只为别人带来利益，害怕因失道心而伤害了他人。他们始终与道合一，保持庄严的形像，就像时时准备接待客人一样严阵以待。行为洒脱，始终让人感到温暖，就像冰融化成水一样愉快。德行纯厚，朴实无华，心胸开阔，如同空旷的山谷。他们心与大道合为一体，含藏万物，包含了整个宇宙。

孰能浊以静之徐清？孰能安以久动之徐生。

心语：我们这些凡人，应该学习圣人，始终让自我意识融于大道之中。在浑浊的世界中保持心地清明，在动荡不安中始终保持一颗安静明亮的心体。

保此道者，不欲盈。

心语：要保持个人意识与道融为一体，时时处于中道，就不能强化自我，不能高傲自满，自以为是，不要随着妄念跑，要始终将个人意识安住在大道之中。

夫唯不盈，故能蔽，不新成。

心语：因为意识始终与道合一，不自以为是，不高傲自满，所以，自我意识与道相融，光明无量，韬光养晦。自我意识不脱离大道，不臆想功名利养的事情。

第十六章

至虚极，守静笃。

心语：我们收回散乱意识，将意识集中一处，安放在道中，我们意识会渐渐融化在道中，这时，我们的心就处于虚空妙有状态，心体光亮透明，没有边际。我们要坚守这种意识融化在道中状态，时间越久越好，直到二者合二为一。

万物并作，吾以观其复。

心语：当我们的意识与道融为一体时，宇宙万物都在我们心中生机勃勃的呈现着。我们用意识与道融为一体的道心去观宇宙万物的本来面目。

夫物芸芸，各复归其根。

心语：就如同枝叶繁盛的大树，其本源都是从根部生起的。宇宙万物的根就是大道，宇宙万物最终都会回归到大道。

归根曰静，是谓复命。

心语：宇宙万物回归到道，这种状态，我们给它起个名字，叫宁静。从理上说，叫回归到它的本性。

复命曰常。

心语：宇宙万物回归到本性就会成为永恒。

知常曰明。

心语：我们感知永恒，就会不生不灭，光明永驻。

不知常，妄作凶。

心语：如果我们不将自我意识安住在道中，回归到本性，而让意识背离道，按照自私的意识心去行动，就会遭遇凶险灾难，走向痛苦的深渊。

知常容。

心语：当我们回归到了永恒的本性，我们的心体就处于无边无际、光明无碍的状态，宇宙万物都包容其中。

容乃公。

心语：这种大包容就是公正无私的真实境界。

公乃王。

心语：这种大公无私的真实境界就是圣人的境界。

王乃天。

心语：圣人的境界与天道是一致的。

天乃道。

心语：天道的运行是始终符合大道的。

道乃久。

心语：大道通达十方，光明无碍，本来存在，恒常不变。

没身不殆。

心语：当自我意识在道中彻底自化，我们就与大道合为一体，就没有了我们自己，我们成为了大道的化身。

第十七章

太上，下知有之。

心语：当我们的意识与大道合为一体时，我们会感知大道是真实存在的，是有形有相的。

其次，亲之誉之。

心语：虽然我们的意识不能与大道合为一体，我们的意识能与大道相融，我们会感知大道是那样的亲切，并从心里赞美它。

其次，畏之。

心语：虽然我们的意识不能与大道相融，我们意识能与大道相应，我们也会对大道产生敬畏。

其次，侮之。

心语：当我们的意识完全背离大道，我们的意识心就会自以为是，自我膨胀，而对大道加以诽谤。

信不足焉。

心语：为什么我们的意识会背离大道，我们会去侮辱大道呢？是因为我们对道没有信仰。故修道的人，首先应树立对道的信仰，方可进入道的境界。

犹兮其贵言，功成事遂。

心语：我们的意识一定要与大道合为一体，我们的语言才能符合自然规律。这样，我们做什么事情都会很顺利，我们会取得很大的成功。

百姓皆谓，我自然。

心语：我们因将意识安住大道之中，意识与大道合为一体，意识自化成大道德能，我们的意识活动就是道的活动，意识完全符合道，我们做什么事都符合自然法则。

第十八章

大道废，有仁义。

心语：当我们的意识背离了大道时，哪里还有什么仁义道德、诚实守信存在呢？

智惠出，有大伪。

心语：当我们自私的意识心作为主宰时，欺骗就开始盛行了。

六亲不和，有孝慈。

心语：因为人人都用私心，各人都以满足自我利益为目的，人与人之间就会失去和睦，相互争斗，这样，就会失去慈爱的心，失去孝心。

国家昏乱，有忠臣。

心语：因我们的意识背离大道，意识迷失了方向，我们的精神就开始昏沉，身体就会出现各种病症。身体内各器官就会不和谐。

第十九章

绝圣弃智，民利百倍；绝仁弃义，民复孝慈；绝巧弃利，盗贼无有。

心语：通往大道的路径是没有障碍的，我们不能人为的树立一个圣人或智者的像，让人们去崇拜他，这样就形成了通道的障碍。虽然有圣人或智者的像，但我们要看破，他们是无私的，是指引我们走向大道的。如若这般，我们意识就不会走偏，就会安在道中。同样，仁义是存在的，但仁义是得道的基础，仁义是为了成就道的。我们不要为仁义而仁义，被仁义的表象所迷，要在行仁义中看破仁义，这样，我们慈爱的心就会开启，我们的行为就会落在孝行上。我们要杜绝计谋，放弃利益，我们自私自利的贪心就化为大公无私的道心了。

此三者，以为文不足。

心语：以上说的三个层面，用语言和文字是很难说明白的。

故，令有所属，见素抱朴，少私寡欲。

心语：所以，我们只有将我们的意识安住在大道之中，让意识有所归属，有所依靠。让意识渐渐与大道相融，让意识像道体一样清净无染，自然本真，没有一点私心和欲望，最终意识就与道合为一体了。

第二十章

绝学无忧。

心语：我们要突破所有的学问，不要让它们成为通向大道的障碍。这样，我们心就不会被世间学问迷住，心胸坦荡明亮，对任何学问都没有疑惑，心中没有忧愁烦恼。

唯之与阿相去几何？善之与恶相去何若？

心语：我们个人意识心是自私的，是相互对立的。比如恭敬与傲慢就非要对立吗？其实，傲慢是可以转化为恭敬的，善良与邪恶就一定要对立吗？其实，邪恶是可以转化为善良的。

人之所畏，不可不畏。

心语：因个人自私对立的意识心，使人们互相产生恐惧，这样的现实状态不能不引起我们的担忧啊！

荒兮，其未央哉。

心语：但这样的现状，是从很远很远的时候就流传下来了，也不知道什么时候能结束啊？

众人熙熙，如享太牢，如春登台。

心语：当以自我意识心为主宰时（意识背离大道），看似每天都很欢乐，吃着山珍海味的美食，放纵心情，尽情游玩，消耗时光，这样，我们反而离大道越来越远了。

我独怕兮其未兆，如婴儿之未孩，乘乘兮若无所归。

心语：当将自我意识安住在道中而不动时，就会淡泊清净，就像刚出生还不会笑的婴儿一样，懒懒地睡在那里，什么也不知道。

众人皆有余。

心语：以自我意识心为主宰时，从事社会活动，都有自己的财富、名誉、地位。

而我独若遗，我愚人之心也哉，沌沌兮。

心语：而将意识与道合为一体的人，从事社会活动，所有的成果都奉献给社会，自己什么都不占有。在以自我意识心为主宰的人看来，这是很愚蠢的行为。我们始终坚持意识与道合一，以大爱平等的心对待一切。

俗人昭昭，我独若昏。

心语：以自我意识心为主宰的人，对什么事都很精明，斤斤计较。而将意识与道相合的人，只顾精勤耕耘，不问收获。

俗人察察，我独闷闷，忽兮若海，漂兮若无所止。

心语：以自我意识心为主宰的人（意识背离大道），

做什么都有技巧，有潜规则。而意识与道相合为一的人，都会按照自然规律真真实实地做事，看似不会变化，很愚钝的样子。意识与道相融，像大海一样宽广。封闭的自我意识在道心打开，无边无际，没有终止。

众人皆有以，而我独顽似鄙。

心语：以自我意识心为主宰的人（意识背离大道）都有自我的见解。而意识与道合一的人，意识已完全与道成为一体了。它无处不在，即使最低下的地方，也守在那里。

我独异于人，而贵食母。

心语：意识与道合一的人与以自我意识心为主宰的人所不一样的是，以自我意识心为主宰的人，不按大道行公事，只按自我意识心行私事。意识与道合为一体的人，只按大道行公事，没有自我意识心的私事。希望以自我意识心为主宰的人（意识背离大道），应该将自我意识与道相合，成为一个不偏离道德的人。

第二十一章

孔德之容，唯道是从。

心语：大德的圣人，心胸宽广，心容寰宇，形象端庄慈祥，这是因为他们已经将自我意识彻底与道合为一体，意识自化成大道德能，他们的形象就是道的化身。

道之为物，唯恍唯忽。

心语：大道是无形无相的真空，但是它又是真实存在的，不是什么都没有的顽空。当我们收回散乱的意识，将意识安住在道中，我们会感觉到大道真实存在，但又抓不住它，像什么都没有。

忽兮恍兮，其中有像。

心语：当我们的意识安住道中，与道相应时，我们会感觉到大道从什么都没有到好像又有，并且能感知到有影像存在。

恍兮忽兮，其中有物。

心语：当我们的意识安住在道中，时间长一点，与道相融时，我们又感觉大道的影像又消失了。好像觉知大道很真实，但，又摸不着，看不见。

窈兮冥兮，其中有精。其精甚真，其中有信。

心语：当我们的意识与道合为一体时，我们会冲破道的若有若无的道相，见到道空广无际的真实本源，这空广无际的道体生起无量的光明的能量，这光明能量不是我们假想出来，是真实存在的。所以，大道是真实存在的，不是人为虚构出来的。

自古及今，其名不去，以阅众甫。

心语：从无始久远到现在，大道无时无处不在，万物从大道中生，在大道中灭，大道无私无欲地在滋养着万物生长。

吾，何以知众甫之然哉？以此。

心语：得道的大德圣人，为什么能够明了万物的生灭规律呢？是因为万物都是从道中生长的，也在道中消失的。得道的大德圣人已经与道合为一体了，是道的化身了，当然能够明了一切，无所不知了。

第二十二章

曲则全，枉则直，洼则盈，弊则新，少则得，多则惑。

心语：只有弯曲，才能成为一个圆。只有矫枉，才能伸直。低洼的地方能积满水。东西破到不能用了就要换新的了。与人合作你总是获取的少，让别人得到的多，从长久看，你得到的反而更多。你什么学问都去学，学的越杂，思想越乱，心智越迷惑。（这些都是客观存在的现象。）我们修道的人应该通过这些客观现象，悟出在现实社会日常生活中的修道方法。乐于承受委屈，不与人争，反而能成就自己。勇于发现自己的错误，勇于承认错误，勇于改正错误，就会成为一个真正无私的人。不居功自傲，谦卑做人，反而能得到别人的尊重。勇敢地打破自己自私陈旧的思维，就会开启大公无私的新智慧。与人合作获取的少，让别人获取的多，从长久看，我们得到的更多。但即使得到更多，我们自己也不占有，将它奉献给社会。我们要专心向道，清净无为，不可贪求名利，什么都去学，什么都去做，让自己迷惑颠倒。

是以圣人抱一为天下式。

心语：所以得道的圣人，始终将自我意识安住在道中，与道合一，分秒不离，所有的行为都与自然法则相应，他们用践行道德的规范作为天下人的榜样。

不自见，故明；不自是，故彰；不自伐，故有功；不自矜，故长。

心语：因为得道的圣人将自己意识与道合一，所以，没有自我的见解，完全遵从自然法则，与道相融，所以心体光明。不自以为是，反而彰显出他的高大。不自我吹嘘夸耀，反而在人们心中是有功德的人。虽然有功德，也不自高自大，始终低调做人，反过来能久居高位。

夫唯不争，故天下莫能与之争。

心语：我们将意识安住在道中，与道合一。道是圆融的，是一元的，不会与万物相争。只要我们用不争的道心处世，天下所有的人也不会与我们有争斗之心。

古之所谓"曲则全"者，岂虚言哉。

心语：远古的圣人所说"曲则全"自然之道的深义，是真实不虚的。

诚，全而归之。

心语：我们要相信以上的道理，将我们自己所有意识都安住在道中。一切按自然规律行动。

第二十三章

希言自然。

心语：我们意识要突破所有的言语障碍，直达大道的本源。

飘风不终朝，骤雨不终日，孰为此者？天地。

心语：再猛烈的狂风也不会吹一天不停下来，再大的暴雨也不会下一天不停。为什么会这样呢？因为，风和雨都来源于天地之间。天地虽然大，但是还是有局限的，有障碍的，所以风雨再大也不会长久不停。

天地尚不能久，而况与人乎？

心语：天地那么大，与道相比都是有障碍的，不能开阔久远。何况我们这样渺小的人怎么能和道相比呢？

故，从事于道者，道者同于道。

心语：所以，我们修道的人应该将自我的意识安住在道中。

德者同于德。

心语：我们的行为一定要遵守自然规律。

失者同于失。

心语：若我们意识不安住道中，以我们自己的意识心作为主宰，我们就会背离大道。

同于道者，道亦乐得之。

心语：我们将意识安住在道中，意识最终与道融为一体。

同于德者，德亦乐得之。

心语：我们的行为符合自然规律，那么我们的结果就
会是善果。

同于失者，失亦乐失之。

心语：我们以自我意识心作为主宰，背离大道，我们
不按自然规律行事，最终必得恶果。

信不足焉，有不信焉。

心语：道是真实存在的，是真理，我们怎么能怀疑呢？
怎么能不相信它而背离它呢？

第二十四章

跂者不立，跨者不行。

心语：用一只脚站立，你是站不久的。你跨很大的步
子跑，是跑不了多远的。这就是说，一个人若背离了

道，不按自然规律行事，是注定要失败的。

自见者不明，自是者不彰，自伐者无功，自矜者不长。

心语：以自我意识心为主宰的人，因背离了道，执着自我的见解。一叶障目，心智昏暗，自以为是，目中无人，也没有人接受他的见解。自我吹嘘夸耀，耗费时间，劳而无功。把自己看的很高大，瞧不起别人，别人也瞧不起他，这样的人在社会上没有地位 。

其于道也，曰余食赘行，物或恶之。

心语：对于将自我意识安住在道中，与道相合，行为始终符合自然规则的修道人来说，自见、自是、自伐、自矜都是累赘，都应该彻底的将它们从心中清除。

故，有道者不处也。

心语：所以，得道的圣人从来都不会"自见、自是、自伐、自矜"，处处表现为"不自见、不自是、不自伐、不自矜"。

第二十五章

有物混成，先天地生。

心语：有一种真实存在的东西在统筹整个宇宙，在天地还没有生的时候，它就存在了。

寂兮寥兮，独立而不改。

心语：这个真实存在的东西，它宁静而又深广无比。它始终永恒存在，它不以宇宙多变而改变。亘古不变。

周行而不殆，可以为天下母。

心语：它虽宁静却随顺宇宙万物循环往复的运动着，没有穷尽，天地万物的源头都是从它之中诞生的，它就像天地万物的母亲一样。

吾不知其名，字之曰道。

心语：我不知道它是什么，叫不上它的名字，为了让大家了解它的真实存在，我勉强给它取了一个名字，叫做道。

强为之名曰大，大曰逝，逝曰远，远曰反。

心语：怎么样来解释这个"道"呢？它广大无比（大），无边无际（逝），没有终点（远），无处不在（反）。

故道大，天大，地大，王亦大，域中有四大，而王居其一焉。

心语：因此，道体是宽广无边的，天是从道中生的，最终归于道，地是从道中生的，最终归于道。圣人也是从道中生的，最终也归于道。道中有道体、天、地、人作为代表，而其中的人始终应该是将自我意识与道合为一体，而成为得道的圣人。

人法地，地法天，天法道，道法自然。

心语：人行走在现实的尘世当中，很容易被欲望所牵制，这样心中本具的大道就迷失了。所以，人应观察大地，效法大地长养万物而不占有，与大地厚德载物的承担精神相应，达到不失道心，与道相应。因为，大地是效法天的利而无害、大公无私、勤劳不息的博爱精神与道相应的。而天又是效法宇宙包容万物，公平公正的平等精神与道相应的。宇宙是从大道无边无际、光明无量的自性中化生来的，它是大道的表象。它的运行法则完全符合大道。

通过这样观察效仿，我们人就会从欲望中解脱出来，将意识与道合为一体，走向为而不争的圣人之道。

第二十六章

重为轻根，静为躁君。

心语：当我们将意识安住在道中，意识与道体深度融合（重）时，喜欢漂游的意识就找到根本。意识与道深度融合，所产生宁静深广的心体能够统领意识的躁动习性，让意识安定。

是以圣人终日行不离辎重。

心语：所以，得道的圣人，时时刻刻，不论是白天工作中，还是晚上睡觉，都会将意识与道深度融合。

虽有荣观，燕处超然。

心语：虽有遇到名闻利养，意识也不会去有半点贪求，意识仍与道合为一体，在深广的大道之体中自然融化。

奈何万乘之主，而以身轻天下？

心语：作为我们身体的千万个细胞统领的意识，怎么能背离大道呢？意识若背离大道，我们的身体就会产生疾病。

轻则失臣，躁则失君。

心语：意识偏离了道，身体内的各器官就会产生毛病。意识向外攀缘，躁动不安，就失去道的根本。

第二十七章

善行，无辙迹。善言，无瑕谪。善计，不用筹策。善闭，无关楗而不可开。善结，无绳约而不可解。

心语：意识与道深度融合为一体的得道人，他从事社会活动，不居功劳，就像大道一样，不留痕迹，大公而无私。他的言语，都符合自然规律，不会有错误，他去运筹事情，不用谋略，凡事皆按自然规律办事，正大光明。他去调节矛盾，能够透过现象看到矛盾的本质。他严于律己，从不违背道德规范。即使再大的诱惑，也动摇不了他的道心。

是以圣人常善救人，故无弃人，常善救物，故无弃物，是谓袭明。

心语：所以意识与道合为一体的得道圣人，就像大道一样，光明普照，对待所有生灵万物都是平等的，始终以大爱对待他们，从不遗弃一人一物，这就是得道的圣人借自己的身体来体现大道的慈爱光明是真实存在的，时时刻刻在滋养着一切生灵万物。

故善人者，不善人之师。不善人者，善人之资。

心语：所以，意识与道合为一体的得道圣人，是意识与道背离的人的导师。意识与道背离的人，是得道圣人修行的资粮。得道圣人对他们心存感恩。

不贵其师，不爱其资，虽智大迷，是谓要妙。

心语：不尊敬导师，不爱惜修道的资粮，你的意识已经背离了道，虽然自作聪明，其实已经迷茫了。所以，我们要尊重得道圣人，以圣人为导师。我们要爱惜背离大道的人，通过引导他们得道，而提升我们的修行。这是修道最简捷的方法。

第二十八章

知其雄，守其雌，为天下溪。为天下溪，常德不离，复归于婴儿。

心语：当我们将意识刚刚安住在道中，意识是很刚强的，它总是想挣脱道而自行外逸。我们应当让意识在道中安定下来，归于平静，就像溪水终究归于大海一样。我们应该让意识回归到大道的大海，意识回归到大道的大海，我们就与大道合为一体；与大道合为一体，大道的功能就会在我们身上呈现，永不离开我们，我们所有的想法、行为、结果都会符合大道。我们回归到了大道，就像婴儿一样天真灿烂。

知其白，守其黑，为天下式。为天下式，常德不忒，复归于无极。

心语：我们安住在道中的意识，一旦自己有功，就想到处炫耀自己，我们应该让意识安定下来，藏匿在道中，韬光养晦，与道相融，作为天下人修学大道的榜样。因为，我们意识融于道中，与道不分，我们想法、行为、结果就不会有错，永远符合大道。大道的功用就永远和我们合为一体，永不分离。这样，我们就回归到大道的本来面目。

知其荣，守其辱，为天下谷，为天下谷，常德乃足，复归于朴。

心语：当我们安住于道中的意识，见到荣华富贵时，还是有贪图的想法，我们要让它安定下来，不为荣华富贵所动。我们应始终谦虚做人，甘居人下，任劳任怨，只问耕耘，不问收获，做个平凡的人。这样，我们就会大公无私，心胸就会开阔无比，像山中幽深的空谷一样，我们时时以这样大公无私、空如虚谷的心胸行事，我们的意识已经与道融为一体了。道的功用就会在我们身上全部体现，我们就得道了，回到了大道真空妙有、光明无量的本体。

朴散则为器，圣人用之，则为官长。

心语：比如一根完整的木头，我们将它锯开，做成物品，就成为器具了，但这器具的本性还是木头，木头是器具的主宰，是器具的统领。器具离不开木头，木头不离器具。得道的圣人深明此理，所以他们始终将意识与道合为一体，他们的想法、行为、结果都不偏离道，用道心作为万事万物的主宰，用道心作为万事万物的统领。

故，大制不割。

心语：所以，我们的意识应始终如一，与道合为一体，不能有片刻分离。我们心体要始终光明无量，无边无际，不可停留在某个具体事相上而生通达大道的障碍。

第二十九章

将欲取天下而为之，吾见其不得已。

心语：当自私的意识心作为主宰时，私欲就会膨胀，想夺取天下万物乃至整个国家为己所用，为所欲为。从道的层面来看，这是不应该做的。

天下神器，不可为也。

心语：天下万物都是道体之朴散后所化的度人法器，不能因私欲而占有，不能因私欲而掌控。

为者败之，执者失之。

心语：如若你非要背道而驰，费尽精力去占有它，你最终以失败而告终，费尽心思去掌控，最终你什么也得不到，反而给你带来灾难。

故物或行或随，或呴或吹，或强或羸，或载或隳。

心语：所以天下万物都有自己的自然属性，比如一个团体，有领导人，也有被领导的群体。万物生长有时缓慢，有时比较快，事物发展过程，既有强盛的时候，也有虚弱的时候，人的一生有安稳的时候，也有危险的时候。（这一切都是万物的自然属性，是客观存在的，我们应该顺应它们，而不能强行改变它们。）

是以圣人去甚，去奢，去泰。

心语：所以，得道的圣人修行的方法，就是将自我意识安住在道中，渐渐让意识的刚强外逸、贪求荣华富贵的享受、自高自大的骄傲等私欲融化在道中，与道合为一体。

第三十章

以道佐人主者，不以兵强天下。其事好还。

心语：当意识与道合为一体时，意识就融化在道中，意识就成为大公无私的道。意识的刚强抢夺占有天下万物为己用的私欲就消失了。这样就避免了不好的结果，凡事都是好事了。

师之所处，荆棘生焉，大军之后，必有凶年。

心语：若意识背离大道，因想占有而生争斗之气，身体内就会产生病毒，因争斗之气而上升为暴怒之气。就会长年生病。

善者果而已，不敢以取强。

心语：只要将意识安住在道中，与道相合，我们的想法、行为就符合道，就会有好的结果。我们不需强行夺取。

果而勿矜，果而勿伐，果而勿骄。

心语：意识因合道而取得好的结果，因为意识合于道，它就不会因取得好的结果而自负自大，自吹自夸，自骄自傲。

果而不得已，果而勿强。

心语：意识因与道相合，而取得好的结果，但它对结果没有丝毫占有，它不因为好的结果而显示自己强大。

物壮则老，谓之不道，不道早已。

心语：有形的事物发展到一定程度就会衰老，凡有形事物都是变化无常的，是虚幻不实的，这是有形事物的生长规律，是大道的表象，不是大道的本源。没有办法用语言表达的大道本源是在所有事物未生以前就存在了，是恒常不变的。大道的表象和大道的本源是一体的，是不可分割的。

第三十一章

夫佳兵，不祥之器。物或恶之，故有道者不处。

心语：意识若背离了道，意识的刚强占有的习性就会成为主宰，这是很不吉祥的事。众人都会害怕这样的事发生，所以，我们应该将意识与道融为一体，不让它背离道，而成为主宰。

君子居则贵左，用兵则贵右。

心语：意识与道合为一体的得道君子，日常起居都会吉祥。意识背离大道，以自私占有意识心作为主宰的人，日常起居都会隐藏着凶灾。

兵者，不祥之器。非君子之器，不得已而用之，恬淡为上。

心语：刚强占有的自私意识，是不吉祥的想法，会带来灾难，不是得道君子大公无私的想法，千万不要让这种想法指导行动。我们应该将意识安住在道中，与道相融，让意识融于大道，生起大公无私的道心，淡然无求。

胜而不美，而美之者，是乐杀人。

心语：以自私刚强意识心为主宰而行事，是不能称赞的。但是你却称赞它，那么善良的心就会泯灭。

夫乐杀人者，则不可以得志于天下矣。

心语：一个泯灭善良心的人，天下的人怎么会喜欢他呢？他什么事也做不成，最终是灾害临头，身败名裂。

吉事尚左，凶事尚右，偏将军居左，上将军居右。

心语：左是吉祥的代名词，右是灾难的代名词。那么，意识与道相合的得道君子就为左，意识背离道而以刚强占有意识心为主宰的人就为右。

言以丧礼处之，杀人之众，以悲哀泣之。战胜，以丧礼处之。

心语：对待以刚强占有自私意识心作为主宰的人，我们就像要举办丧礼一样来对待他们，因为他们的善良心泯灭，行为恶劣，将人们引向罪恶的深渊，造成不良的社会风气。我们为他们因违背大道失去善良心而造成的恶果而痛哭，即使他们取得自私的成果，这个成果也是灾难的前奏，我们仍然像办丧礼一样替他们悲哀！

第三十二章

道，常无，名朴。

心语：大道啊，它是本来存在的，不生不灭，恒常不变的，大道以无形无相，但又真空妙有的方式无处不在。为了方便理解，我们给大道的本来存在、无形无相、真空妙有的特性起个名称，叫朴。

虽小，天下，不敢臣。

心语：大道虽然无形无相而又真空妙有，无处不在，实实在在存在着，但我们无法去支配它，掌控它。

侯王若能守之，万物将自宾。

心语：我们若将自我意识安住在大道之中，与道合为一体，我们身心将会和谐协调。

天地相合，以降甘露，民莫之令而自均。

心语：当我们意识与道合为一体后，我们就会感知道是真实存在的，并且是有能量的，这种能量无处不在，公正平等。我们的身体中所有器官，所有细胞，无需争夺，都会享受道能的平等滋养。

始制有名，名亦既有，天亦将知之，知之所以不殆。

心语：我们人既然诞生了，就得给他起个名称作为代号。这个名称虽然有了，但我们要知道他是个假的，我们的意识不要为了这个假名去劳累奔波，我们应该将意识安住在道中，不能外逸攀缘。我们将意识安住在道中，当意识与道合为一体时，我们的精神就可以摆脱死亡，回到大道的本源。

譬，道之在天下，犹川谷之与江海。

心语：用比喻来讲，我们本来是不生不灭的道。我们的意识及身体是从道里生的，他们都在道中，但我们不要被自己的意识和身体障碍住了，回不到道中。我们应该透过意识和身体的表象看到他们的本质是道，意识、身体就像山川中的小溪，最终要流入道的大海之中一样。

第三十三章

知人者智，自知者明。

心语：当意识向外攀缘，以自我的意识心去揣摩臆想别人的心理活动，这只是世间的小聪明。

　　只有将自我意识安住道中，与道融为一体，感知到我本来是道，你才能真正见到大道本体的真正光明。

胜人者有力，自胜者强。

心语：你的意识向外攀缘，用自私的意识心与人争斗，即使你胜了，你也是在消耗你的力量。只有将意识安住在道中，最终与道融为一体，它光明无量，才是真正强大。

知足者富，强行者有志。

心语：只有将自我意识与道合为一体，你才会感知到你的心体本来是宽广无边，无处不在的，这才是圆满富有的。如果你的意识背离了道，以自我意识心去行动，即使你再努力，最终也只能实现个人自私的小目标，不能修成大道。

不失其所者久，死而不亡者寿。

心语：我们的意识永远安住在道中，最终会与道合为一体。我们的身体虽然死亡了，但我们的道体却永存不灭。

第三十四章

大道氾兮，其可左右。

心语：大道广泛，无有边际，无有障碍，不是我们意识所能想象的。我们更不能用意识去操纵它。

万物恃之而生而不辞，功成不名有，爱养万物而不为主。

心语：宇宙万物都是依靠大道才能生长的，而大道为了万物的生长从不休息，为了万物生长任劳任怨地无私付出。虽取得巨大的成就，却从不留名。虽滋养了万物却从不去主宰万物，不求丝毫回报。

常无欲，可名于小。万物归焉而不为主，可名为大。

心语：大道恒常不变，始终以大公无私的奉献精神作为目标，从无所求，从这个角度看，可称其为"小"。
万物最终都归于大道，但大道又不去主宰万物，大道
不留痕迹，空旷无际，从这个角度看，可称其为"大"。

是以圣人终不为大，故能成其大。

心语：因为得道的圣人始终没有自我，从不去主宰万
物，所以才成就了他们瀚浩无边，宽广无际，光明无
量的博大胸怀。

第三十五章

执大象，天下往。

心语：当我们意识与道已经合为一体，我们就得道了。
得道了，我们整个身心就与大道同体，大道光明无碍，
普照天下。

往而不害，安平太。

心语：整个身心都与大道同体，我们就会避免所有的
灾害，我们就会永久地平安通达。

乐与饵，过客止。

心语：虽然我们得道了，但行走在五欲六尘的世界，美妙的音乐和可口的山珍海味常常在诱导我们的意识背离大道，这一点我们要始终谨慎，要始终让意识与道合为一体，永不分离。

道之出，口淡乎其无味，视之不足见，听之不足闻。

心语：大道是真实存在的，我们用口去尝它的味道，它什么味也没，用眼睛去看它，却什么也看不到，用耳朵去听它的声音，也什么都听不到。

用之不可既。

心语：但大道滋养万物的功能却又取之不尽，用之不竭。

第三十六章

将欲噏之，必固张之。

心语：我们要将意识安住在道中，必须要清醒地认识到意识本来喜欢外逸攀缘。

将使弱之，必固强之。

心语：我们要使意识渐渐与道相融，必须要清醒地认识意识本来是刚强的。

将欲废之，必固兴之。

心语：我们要使意识自化在道中，必须要清醒地认识到意识本来是自我自大的。

将欲夺之，必固与之。

心语：我们要使意识与道合为一体，必须使意识感知到大道温暖慈爱的能量。

是谓微明。

心语：这样，我们才能感应到大道的真空妙有、光明无量的道体。

柔弱胜刚强。

心语：只要我们将意识安住在大道之中，我们刚强的意识，最终会在大道慈爱的光明中自化。

鱼不可脱于渊，国之利器不可以示人。

心语：鱼是不能离开水的，我们的意识是不能脱离大道的。脱离大道的自我意识是刚强自私的，是不能作为人的主宰的。

第三十七章

道常，无为而无不为。

心语：大道是真实存在的，永恒不变的。按照大道的规律去行动，大道的德能就会时时处处起作用，我们就不会偏离大道而妄为。

侯王若能守，万物将自化。

心语：我们只要将意识安住在道中，我们身心就会沐浴在大道的光明之中。一切妄念都会渐渐在大道光明中自化。

化而欲作，吾将镇之以无名之朴。

心语：倘若意识逃离大道，我们就应立即警觉，让意识感知到大公无私、光明无量的道体时时刻刻都是真实存在的。

无名之朴亦将不欲。

心语：一旦意识感知到大公无私、光明无量的道体是真实的，意识就不会外逃。

不欲以静，天下将自定。

心语：意识不外逃，就会安静地躺在大道之中。这样，我们就会与大道合为一体，全身沐浴着大道正直的光芒。

第三十八章

上德不德，是以有德。

心语：我们的意识与道合一后所产生的道能功用是无形无相的，是没有痕迹的。但是，它又是真实存在的。

下德不失德，是以无德。

心语：我们将道能功用落实在生活工作中，我们的行为永远与道能功用不分离。所以我们行为的结果必然符合自然规律。

上德无为而无以为。

心语：我们意识与道合一所产生的道能功用是按自然规律运行的。自然规律虽无形但又是无处不在的，宇宙万物没有离开它而能独立运行的。

下德为之，而有以为。

心语：我们将道能功用落实到实际生活工作中，这种道能功用是可以通过我们的行为用具体的方式表现出来的。

上仁为之，而无以为。

心语：我们的意识与道合一后，能产生平等的慈爱心，这种平等慈爱心就是大道本体的光明，它真实存在而且充满能量，它能感化人们走向大道。

上义为之，而有以为。

心语：我们意识与道合一后能产生相互关爱，相互回报的情怀，这种情怀是我们在实际生活中，通过我们的行为而表现的。

上礼为之，而莫之应，则攘臂而仍之。

心语：我们意识与道合一后，我们的行为就产生与自然规律相符合的行为方式。这种行为方式就成为合道的符号，我们给它取个名字，叫做"礼"。"礼"时刻与大道相应，我们要用这个"礼"来引导人们归于大道。

故，失道而后德，失德而后仁，失仁而后义，失义而后礼。

心语：所以（你若想得道），道虽然看不见，摸不着，无形无相，你可以从体感道能功用的实际存在处下手。若体感不到道能功用，就从觉知"道"的平等、慈爱、温暖的心体下手。若觉知不了"道"的平等、慈爱、温暖的心体，则可以从观察"道"的相互关爱、相互回报的情怀去下手。若观察不到"道"相互关爱、相互回报的情怀，就从观看得道的人在实际生活中符合自然规律的行为方式去学习、去模仿开始下手。

夫礼者，忠信之薄，而乱之首。

心语：修道为什么要从得道人符合自然规律的行为方式去学习模仿开始呢？因为，意识背离道，我们人就会失去忠诚，失去信誉，私欲就会膨胀，思维就会昏乱。唯有用"礼"（圣人的言行）来引导，人们的思维才能从昏乱中走向清醒，从而迈向大道。

前识者，道之华，而愚之始。

心语：意识没有与道相合以前，而用自我意识心胡乱臆想猜度，把"道"说得华而不实，那么，这些以自我意识心为主宰的人，就打着"道"的旗号，用自我意识心去愚弄人们，将人们带入昏暗愚昧的深渊。

是以大丈夫，处其厚，不居其薄。

心语：所以有道德的正直君子，应始终将意识安住道中，与道合为一体，不要让意识脱离道而自行做主。

处其实，不居其华。

心语：让意识与大道合为一体，产生真实的道能功用，而不是以意识心自我臆想，胡乱猜度大道。

故去彼取此。

心语：所以，我再一次重复：一定要将意识与大道合一，产生真实道能功用，千万不要让意识背离大道，以自我意识心臆想猜度大道。

第三十九章

昔之得一者。

心语：宇宙万物是从大道中化生的,宇宙万物与大道浑然一体。

天得一以清。

心语：天与大道浑然一体，天就显得清明而调顺。

地得一以宁。

心语：地与大道浑然一体，大地就会宁静而安稳。

神得一以灵。

心语：神仙与大道浑然一体，就会显得灵通而广大。

谷得一以盈。

心语：低洼的河谷与大道浑然一体，水就会自然流入河谷而盈满。

万物得一以生。

心语：万物与大道浑然一体，就会自然地苗壮生长。

侯王得一以天下为正。

心语：就如同领导者与大道浑然一体，那么他治理的地方就会民风淳正，百姓安居乐业，幸福美满。我们修道人也是一样，一定要将意识与大道浑然一体，升起我们的道心。这样，我们人就会正气凛然。

其致之：

心语：由以上道理我们可推断：

天无以清将恐裂。

心语：假如天不与大道合一，就会失去清明调顺，而出现四分五裂，狂风暴雨，乌云密布，电闪雷鸣。

地无以宁将恐发。

心语：假如大地不与大道合一，就会失去宁静安稳而发生地动山摇，河水泛滥，灾害连绵。

神无以灵将恐歇。

心语：假如神仙不与大道合一，就会兴风作浪，祸害人间。最终会被上天收回神识，而灰飞烟灭。

谷无以盈将恐竭。

心语：假如低洼的河谷不与大道合一，它就会没有水流入而枯竭。

万物无以生将恐灭。

心语：假如万物不与大道合一，它就没法生长而走向灭亡。

侯王无以贵高将恐蹶。

心语：就如同领导人若不与道合一，就会丧失他的领导威信，最终失去领导权一样。我们的意识若不与道合一，我们人就会失去道德，失去诚信而被人们瞧不起。

故，贵以贱为本，高必以下为基。

心语：所以说，大道是中和平衡的，虽然大众尊重我
们，我们要始终以谦卑作为根本。虽然我们处于高位，
但我们始终以平凡人要求自己。只有这样，才能始终
与道相合。

是以侯王自谓孤寡，不毂。此非以贱为本耶，非乎！

心语：所以，至高无上的领导者，反而以孤寡、不毂
这些谦卑的名词来称呼自己，难道不是始终以谦卑作
为根本的表率吗？难道不是吗？我们的意识也是一
样的，要始终安住在大道之中，不论我们取得多大成
就，都要永远保持谦卑，处于平凡，不要有丝毫躁动。

故致数车无车。

心语：因此，就像造车一样，车未造好以前，所有的
零部件都各自分立，各自为阵。当车子造好了，就成
为一部整车，开始运行时，这些零部件就相互协调了。
我们修道人也是一样，意识若不安住道中，就会很散

乱，东想西想，妄念纷纷。若将意识安住道中，最终就与道合为一体了。

不欲琭琭如玉，落落如石。

心语：珍贵的美玉是从普通的石头中生长的，我们不能只赞叹美玉之美，而忘记了石头才是美玉的根本。就像我们看见万物的美丽时，就要想到万物都是从大道中生长的，我们时时不要忘记大道是一切万物的根本。

第四十章

反者，道之动。

心语：宇宙万物最终都应返回大道。当我们将意识安住在道中，意识与道合一，最终返回到大道，我们人也就返回了大道，是名"反"。这是大道本来的动机，大道的目的就是让宇宙万物都返回到大道。

弱者，道之用。

心语：那我们是怎么样返回到大道中去的呢？当我们

将散乱的意识收回，安放在道中，大道光明普照，意识接受大道光明，意识渐渐自化成大道德能。这是大道的功用，即名"弱"。

天下万物生于有，有生于无。

心语：天下万物都生于"有"。"有"又生于"无"。也就是说，天下万物都是从大道中化生的，最终当然要返回到道中去。我们人更应该通过从"有"入"无"的修道的方法将自己及宇宙万物一起返回大道。

第四十一章

上士闻道，勤而行之。

心语：在理上明白，事上看破，能放下一切欲望的大智慧人听闻到大道的真理，当下相信，并按照修道的方法去精进修行。

中士闻道，若存若亡。

心语：在理上了解，但一遇事就迷惑了，难以放下的聪明人，听闻了大道的真理，有时候相信，有时又不相信，忽明忽暗，反复无常。

下士闻道，大笑之。

心语：理上不了解，贪欲心极重，事上什么都放不下的平凡人，听闻大道的真理后，根本就不相信，对信道修道的人常常去嘲笑他们。

不笑，不足以为道。

心语：因大道摸不着，看不见，普通平凡的人否定它的存在，并嘲笑信道修道的人，是正常现象，是符合现实社会人之常情的。

故建言有之：

心语：所以，针对上述情况，对于"道"建立以下言论：

明道若昧。

心语：明了大道的得道圣人，不露锋芒，无欲无求。

一般平凡的人看来，他们好像很愚昧。

进道若退。

心语：正在精进修道的人，严守规矩，与道相守，凡事不去出头，不追求荣华富贵。一般平凡的人看来，他们不思进取，没有上进心。

夷道若类。

心语：用眼观看万物，最终看破万物、直达大道本源的修道人，整天沐浴在大道的光明之中，不喜欢谈论世俗事务，沉默寡言，低调做人，凡事谦虚谨慎。一般平凡的人看来，他们好像很笨拙。

上德若谷，大白若辱。

心语：与大道合为一体的得道圣人，能证得道体的真实德能，心体宽广，如同空虚的山谷没有边际。住在大道的光明之中，但他丝毫不显露锋芒，韬光养晦，甘处低下。

广德若不足。

心语：他们走向社会，与大道永不分离，道光普照，心怀宽广，但从不自以为是，始终谦虚好学，小心行事。

建德若偷。

心语：他们因意识、行为都合于大道，且大公无私，勇于承担，甘于奉献，顺应万物，所以，他们会取得巨大的成就。但他们从不居功自傲，就像自己什么也没有做，还是义无反顾，任劳任怨，无私地为社会服务。

质真若渝。

心语：他们返璞归真，回归大道，但他们不留痕迹，以平凡人应世。

大方无隅，大器晚成，大音希声，大象无形，道隐无名。

心语：深广无比的广大空间，平坦开阔，没有边际，看不到任何角落。凡成就大事业的人，都要经历人生的磨难历练，经过长时间的累积，才能成功。最大的声音，虽然响亮，但却向远方逝去，最终无声，它将我们封闭的心灵全然打开。虚空广大无边，你无法看到它的形状。大道也像它们一样，空旷无际，真实存在，但是摸不着，看不见，无形无相，无法用语言文字去表述。要想体验到大道的真实面目，非一日之功，应该用一生的时间去认真修行。

夫唯道善贷且成。

心语：但是，宇宙万物无不是从大道而生，靠大道无私的能量滋养才能生长成形。

第四十二章

道生一，一生二，二生三，三生万物。

心语：大道本源，通达十方，光明无碍，本来存在，恒常不变，没有丝毫瑕疵。而在纯洁无瑕的道体中孕育着念头，念头处于不动状态时名为一，也名"有"，此名"道生一"。

当念头开始向外运动时，就会形成一股无形的气，我们给这种气起个名称叫做"阴"。把道体本来纯洁无瑕的能量起个名称叫做"阳"。念头一动，阴气生，这种状态叫"一生二"。

阴在大道中再进一步运化，从无形的气生成为有形的粒子（物），这种状态叫"二生三"。

有形粒子（物）、阴气、念头自然在大道中运行，自然在大道中生长，最终化育成宇宙、天地、人、万物，故名，"三生万物"。

万物负阴而抱阳，冲气以为和。

心语：宇宙万物都是由念头的运动（阴）在大道本体能量（阳）的滋养中而化生的，大道本体能量（阳）空旷无边,光明无碍（冲气）。若将念头安住大道中，念头就会自化成大道本体能量（阳），这个过程叫做"和"。

人之所恶，唯孤寡，不毂，而王公以为称。

心语：孤寡、不毅这些不好的名称，普通的老百姓都会嫌弃它，而至高无上的领导人常常将它们作为自己的称呼。这就是说，要想大公无私，获取人们的信任，必须始终保持谦卑低下。这里是告诫我们修道行德的人，我们的意识，一定要安住在道中，不可妄动。然后，融化在道中，与道合为一体。最终化为道能，始终像大道一样，甘处于下。

故物或损之而益，或益之而损。

心语：所以，意识安住道中，意识越弱化自己，就越与道相近。若意识自以为是，外逸攀缘，反而离道越远。

人之所教，我亦教之。

心语：古之圣人是这样教人修道的方法，我也像他们一样教人修道，没有自己的发明。

强梁者，不得其死，吾将以为教父。

心语：意识背离大道，自我刚强的意识心作为主宰，最终是没有好下场的。我教导大家，意识一定要安住于道中，不要妄动，从"有"化"无"，最终返回大道。这才是修道的根本。

第四十三章

天下之至柔，驰骋天下之至坚。

心语：大道本体之无形无相、真空妙有的道能（上德），柔弱至极，但它能贯穿天下所有物质，包括坚不可摧之物。

无有入无间。

心语：这无形无相、真空妙有的上德道能，无处不在，没有丝毫间隙。

吾是以知，无为之有益。

心语：由以上的实相，我们能感知到，按照大道的自然规律运行，它就能产生对社会有益的事物。

不言之教。

心语：这些都不是用语言去空说的，唯有亲自践行。

无为之益，天下希及之。

心语：按大道的自然规律运行就能产生对社会有益的事物，这种大道的上德功能是天下什么力量都无法企及的。

第四十四章

名与身孰亲，身与货孰多，得与亡孰病。

心语：（当我们意识背离了道，意识贪求名利的刚强习性就会暴露，这个时候，我们要清醒地这样提醒自己。）

虚幻的名誉与健康的生命，我们应该亲近哪一个？

健康的生命与金银财宝，你觉得哪个更重要？

贪得无厌与无私奉献，你认为哪个对人的身心有害？

甚爱必大费，多藏必厚亡。

心语：因此，我们若放纵意识的贪婪性，过分的贪求名利，必然浪费我们一生的大好时光。过多的沽名钓誉，储存金钱财物，必然会给我们带来很大的灾难，乃至死亡。

知足不辱，知止不殆，可以长久。

心语：所以，我们应将意识安住道中，让意识自化，与道同体，德能圆满，知足而不自以为是，始终谦卑做人。只要我们让意识安住在道中，止住意识不妄动，我们就没有危险，不会有灾害。在社会中按规律办事就可以长久地平安快乐。

第四十五章

大成若缺，其用不弊。

心语：得道的圣人们，德能圆满，但他隐名藏誉，功成身退。从表象看，他们好像缺乏智慧，但他们正大光明的德行，是我们的指路明灯。我们若跟随他们，就不会迷失方向，始终行走在道德的光明大道上。

大盈若冲，其用不穷。

心语：大道的德能就如同虚空，无有边际，无处不在，滋养万物，没有穷尽。

大直若屈。

心语：得道的圣人正直无私，与世无争，能承受一切屈辱。

大巧若拙。

心语：得道圣人，技艺精纯，但从不以技压人，唯有老实做事，好像很笨拙。

大辩若讷。

心语：得道圣人，明白道理，是非分明，但在生活中不讨论人我是非，止语守道。看上去很木讷的样子。

躁胜寒，静胜热，清净为天下正。

心语：运动可以化解寒冷，安静可以化解炎热（凡事都是相互转化的，所以我们一定要以圣人为榜样，努力修行，早日转凡成圣）。只有用清净无私的爱心按大道规律行动，才是人间的正道。

第四十六章

天下有道，却走马以粪。

心语：得道的人，是将喜欢外逸的意识安住在道中，意识就像大道的肥料一样，渐渐自化，最终化成道能，德利社会。

天下无道，戎马生于郊。

心语：人若失去道，意识就会背离道，意识如同戎马到处攀缘。

罪莫大于可欲，祸莫大于不知足，咎莫大于欲得。

心语：意识背离了道，自私的意识心就会成为主宰，意识心因放纵欲望而犯下滔天大罪，因贪心不满足而造成重大灾祸，因爱占别人便宜而犯下大错。

故知足之足。

心语：所以，我们一定要将意识安住道中，让意识与道化为一体，德能圆满具足。

常足。

心语：这样，我们才能永远与道不分离，德能永远圆满具足。

第四十七章

不出户，知天下，不窥牖，见天道。

心语：得道的圣人，他们的意识与大道同体，所以圣人无所不知。故，得道的圣人不需要出门，就能感知天下的事物。在家里不需要透过窗户，观看天空，也能心与天合，感知天道的真实境界。

其出弥远，其知弥少。

心语：若意识背离大道，自行外逸攀缘，跑得越远，越是愚钝。

是以圣人，不行而知。不见而名，不为而成。

心语：所以，得道的圣人，意识安住道中，不外驰。意识与道化为一体，大道德能无处不在，无所不知。故圣人不用行而知天下事，不用观看而明万事之理，做任何事都不会违背自然规律。

第四十八章

为学日益。

心语：为了达到某一目的而去学习世间学问的人，总想每天多增加学习一些知识。

为道日损。

心语：作为一个修学道德的人，在学习世间学问时，要透过现象看本质，要看破世间学问。

损之又损，以至于无为。

心语：对世间的学问要彻底看破，虽然了知，但在心上又不留痕迹，不能让世间学问成为我们通往大道的障碍。要通过看破世间学问而直达大道本源。这样，我们修学道德的人，日常的行为就完全符合大道的规律。

无为而无不为。

心语：按照大道的规律去行动，大道的德能就会时时处处起作用，我们就不会偏离大道而妄为。

取天下常以无事。

心语：我们若要用高尚的人格立足于社会，就得按规律行事，积功累德，奉献社会。

及其有事，不足以取天下。

心语：倘若我们放纵欲望，自私自利，违背自然规律行事，不讲道德诚信，我们就会失去人们的信任，难以在社会上立足。

第四十九章

圣人无常心。

心语：得道的圣人，以大道无私质朴、光明无碍的道心作为自己恒常不变的心（德心）。

以百姓心为心。

心语：圣人始终以道德度化百姓得道的心作为人生目标。

善者吾善之，不善者吾亦善之。

心语：善良的人，圣人以道德感化，不善良的人，圣人不嫌弃，同样用道德感化。

德善。

心语：圣人始终以道德的能量感化教导百姓弃恶从善，最终回归大道，积功累德，回报社会。

信者吾信之，不信者吾亦信之。

心语：圣人对于信仰大道的人，始终用符合道德的行为标准来增强他们修道的信心。对于不信仰大道的人，圣人也始终保持符合道德的行为标准引导他们去信仰大道。

德信。

心语：圣人在日常生活中，始终以符合道德标准的实际修行，感化和引导百姓信仰大道。

圣人在天下怵怵。

心语：圣人行走社会，教化百姓，始终将意识安住道中，与大道合一。对于社会的各种欲望的引诱，都经得起考验，凡事谨慎小心，如履薄冰，常住中道，永不偏离。

为天下浑其心。

心语：为了用道德感化引导百姓回归大道，圣人与百姓打成一片，隐在百姓中。与他同样生活、工作，与百姓浑然一体，但又保持中道，时时用身教教化百姓，引导他们归于大道，而又不让百姓知道他是得道的圣人。

百姓皆注其耳目，圣人皆孩之。

心语：普通的老百姓，对事物的判断，皆是眼见为实，耳听为真，所以圣人为了德化百姓，时时保持无私无欲，纯真质朴的道德形象，始终像天真的婴儿一样率真，做老百姓的好榜样，引导百姓回归大道。

第五十章

出生入死。

心语：养生，最主要的是对情欲的把控，你若能看破情欲，放下情欲，恬淡清净，就会长寿。你若放纵情欲，贪图享乐，就会早死。

生之徒十有三，死之徒十有三，人之生，动之死地十有三，夫何故，以其生生之厚。

心语：在人世间，能放下情欲，恬淡清净而获长寿的一类人约占十分之三。放纵情欲，贪图享受而早死的一类人也占十分之三。为了追求长寿，动心机想办法养生，最终反而早死的人也占十分之三。为什么动心机，想办法养生反而早死呢？这是因为养生过度造成的。

盖闻善摄生者。

心语：我听说远古时期的圣人，都是把修行道德作为养生的方法，他们时时与道相合，沐浴在道德的光明中。

陆行不遇兕虎。入军不避甲兵，兕无投其角，虎无所措爪，兵无所容其刃，夫何故？以其无死地。

心语：他们在陆地上行走，遇见犀牛、老虎等凶残的野兽从不躲避。遇到军队也不害怕，不逃避。但，犀牛却不会用锐利的角去伤害他们，老虎也不会用锋利的爪子去伤害他们，军队中的军人更不会用刀枪伤害他们。为什么有这样的现象出现呢？是因为他们已经与大道合为一体了，他们的生命升华了，德行圆满。浑身散发着慈爱平和喜悦气质，让众生看到他们，只想与他们亲近，生不起伤害他们的心。

第五十一章

道生之，德畜之，物形之，势成之。

心语：宇宙万物无不是从先天大道光明本体中诞生的；大道无形而真实的德能滋养着万物；让他们从无形长到有形，从小到大，发育成熟；从个体生殖繁衍到群体而成势力。

是以万物莫不尊道而贵德。

心语：因为万物皆生于大道，被德能所滋养，所以万物没有不尊敬"大道"的，万物视大道的德能为养育生命的珍贵至宝。

道之尊，德之贵，夫莫之命，而常自然。

心语：大道之所以至高无上，德能之所以珍贵无比，是因为道德从来没有自我意识，道德本来存在，顺应万物自然生长。

故，道生之，德畜之，长之，育之，成之，孰之，养之，覆之，生而不有，为而不恃，长而不宰，是谓玄德。

心语：因此，万物虽从大道中诞生，大道的德能滋养它，使它从无形到有形，让它慢慢长大，成就它，让它根深蒂固，保护它不受伤害。大道胸怀宽广无边，包容万物。万物虽从大道中诞生，但大道从不要求它有丝毫回报。大道德能虽滋养万物而从不自以为是，居功自傲。大道德能遍布宇宙，无边无际，从不间断，没有丝毫缝隙，时时在滋养万物，这就是无处不在的大道真实德能。

第五十二章

天下有始。

心语：我们人是从大道中化生的。

　　【注：在大道光明无碍的本体（无，又名始）中，念头（有）生起，然后开始运动，从一至三，渐渐生成了我们。】

以为天下母。

心语：所以，大道是我们的母亲。

既知其母，复知其子。

心语：既然我们知道大道是我们的母亲，我们作为大道的孩子，我们就应该时时尊敬大道，不能背离大道。

既知其子，复守其母。

心语：既然我们知道我们是大道的孩子，那么，我们就要永远与大道相合。

【注：我们的意识时刻安守在大道中，意识渐渐从"有"到"无"自化成大道德能，这样，我们就与大道合为一体了。】

没身不殆。

心语：　我们与大道合为一体，我们就得道了。那么，我们的一生就不会有灾难。

塞其兑，闭其门。终身不勤。

心语：一个得道的人，在日常生活中，眼睛不会乱看，嘴巴不会乱讲，他时刻与道合一，这样，一生都不会因陷入是非而劳苦奔波。

开其兑，济其事，终身不救。

心语：一个背离大道的人，在日常生活中，眼睛乱看，被色欲所迷，意识被情欲牵走了，自私的意识心作为主宰。一生都陷入是非争斗之中，一生灾祸连绵，痛苦不堪，难以自拔。

见小曰明。守柔曰强。

心语:（背离大道的人，要想摆脱痛苦，就应该回归大道。怎样回归大道呢？）

收回我们外逸的意识，放下我们所有的欲望，将意识安守道中，意识渐渐自化，我们心中大道光明就会显露。我们坚守保持大道光明不失，让大道光明越来越强大。最终，意识彻底自化成大道德能。这样，我们就与大道合为一体，我们就回归大道了。

用其光，复归其明，无遗身殃。

心语:得道的人，心中不失大道光明。在日常生活中，他们时时处处都用大公无私的光明道心去应对一切人、事、物，以身教引导背离大道的人回归到大道光明的本体。他们希望所有的人都能回归大道，摆脱沉沦在世间被欲望所迷的痛苦。

是谓习常。

心语:得道的圣人，始终以度化众生回归大道作为人生目标。

第五十三章

使我介然有知，行于大道。

心语：我们的心胸豁然开朗，知道了大道本来存在、光明无碍的本源及修道的方法，那么，我们就应该修行大道了。

唯施是畏。

心语：但，我们又担心在修行大道过程中走偏了，迈向了邪路。

大道甚夷，而民好径。

心语：修行大道至简至易，看破欲望，放下欲望即成大道。但，我们常以自我意识心作为主宰，放纵欲望，自私自利，贪图享乐而走向与大道相背的邪路上去。

朝甚除，田甚芜，仓甚虚，服文采，带利剑，厌饮食，财货有余，是谓盗夸。

心语：意识背离大道，以自私的意识心作为主宰的人就会过度的追求物质欲望，奢侈享受。他们的住房像朝廷的宫殿一样豪华，他们的行为懒惰，不思耕种，让田园荒废，杂草丛生，粮仓空虚。他们因不修道德，精神空虚，整天穿着华丽的衣服，佩带名贵锋利的宝剑，喝厌了美酒佳酿，吃厌了山珍海味，用谋略夺取大量的金银财宝，他们道德丧失，良心泯灭，是真正的大强盗。

非道哉。

心语：这些，哪是我们修行道德的人所干的事呢？

第五十四章

善建者不拔，善抱者不脱。

心语：建立了修道信仰的人，无论什么环境，也改不了他修道的志向。善于将自我意识与道合为一体的修行者，不会被情欲牵引而走入邪路。

子孙祭祀不辍。

心语：我们都是从大道中诞生的，是大道的子孙。我们应时刻不忘大道，敬畏大道，要像祭祀祖先一样祭祀大道，时时刻刻将心合于大道。

修之于身，其德乃真。

心语：我们一个人修道，能感知大道的德能是真实存在的。

修之于家，其德有余。

心语：我们一家人都修道，大道的德能遍及全家，并影响他人。

修之于乡，其德乃长。

心语：一个乡的人都修道，大道的德能就遍及一个乡，并有长远的影响。

修之于国，其德乃丰。

心语：全国人都修道，大道的德能遍及全国，全国都沐浴在道德的光芒之中。

修之于天下，其德乃普。

心语：全天下的人都修道，大道的德能就无时无处不在，天下皆是德光普照，万物尽在德光照耀之中。

故以身观身，以家观家，以乡观乡，以国观国，以天下观天下。

心语：所以，一个人修道，影响他人修道。一家人修道，影响其他家人修道。一乡人修道，影响其他的乡里人修道。一国人修道，影响其他国家人修道。最终普天下所有的人都会修道。

何以知天下之然哉？以此。

心语：我怎么会预知普天下所有的人最终都会修道呢？就是因为，我知道一个人修道会影响一家人、一乡人、一国人修道，最终是普天下同修的道理呀！

第五十五章

含德之厚，比于赤子。

心语：得道的圣人，与大道同体，大道德能在他身上完全体现，他就像是从大道母体中刚出生的婴儿。

毒虫不蛰，猛兽不据，攫鸟不搏。

心语：因得道的圣人与道同体，德光普被。他就像大道一样与众生同体，众生都视他为自己的母亲，所以，他与毒虫在一起，毒虫不会咬他。与猛兽在一起，猛兽不会伤害他。与巨大的恶鸟在一起，恶鸟也不会抓他。因为得道圣人慈爱的德能贯穿所有众生，与它们一体故。

骨弱筋柔而握固。

心语：得道的圣人，与大道同体，德性纯厚，看似柔弱无争，但内心却德能强盛。就如同刚出生的婴儿骨嫩筋柔，但两个小手握紧，拳头却很有气力。

未知牝牡之合而朘作，精之至也。

心语：得道的圣人，与大道合为一体，意识归于大道

本体初始状态。但道体德能功用却很旺盛，因为道体
的能量本来存在。就如同刚出生的男婴，虽没有男女
交合的想法，但他依然气血充盈，气力旺盛，连小生
殖器也勃起坚挺。这并不是欲望引起的冲动，而是身
体本来的气力。

终日号而不哑，和之至也。

心语：得道的圣人，整天传播道德，讲经说法，声音
洪亮，但喉咙却不沙哑。这也是因为他与大道相合，
德能圆满，中道之和气常住的缘故。就像初生的婴儿
整天啼哭，但嗓音却不沙哑一样，因为，婴儿元气充
足。

知和曰常。

心语：当我们意识安住在道中，意识恢复平静，意识
渐渐自化成道能，中和之气真实生起。我们会体证大
道恒常不变的本体。

知常曰明。

心语：体验到大道恒常不变的本体，我们的心体就显发道体的光明。

益生日祥。

心语：顺应大道自然而然地生长就会吉祥。

心使气日强。

心语：倘若我们用意识去支配道能为我所用，这是放纵意识刚强外逸的习性，是背离大道的强迫行为，必然给我们带来灾难。

物壮将老，谓之不道，不道早已。

心语：有形的事物发展到一定程度就会衰老，凡有形事物都是变化无常的，是虚幻不实的，这是有形事物的生长规律，是大道的表象，不是大道的本源。没有办法用语言表达的大道本源是在所有事物未生以前就存在了，是恒常不变的。大道的表象和大道的本源是一体的，是不可分割的。

第五十六章

知者不言。

心语：得道的圣人注重道德践行，不说空话。

言者不知。

心语：放纵个人意识，整天夸夸其谈，炫耀自我，目的是获得名利，这样的人是背离大道的。

塞其兑，闭其门，挫其锐，解其纷。

心语：我们怎样才能成为一个得道的人呢？方法很简单，我们在日常生活中要守住我们这张嘴，不说是非，不说假话，不说妄语；管住我们的眼，非礼勿视；管住我们的耳，非真理勿听；管住我们的鼻，勿贪香气；管住我们的舌，勿贪美味；我们要将自己自以为是刚强的意识安住在道中，让它安静。一旦我们将意识安住在道中，就会有无数的妄念纷纷出现，此刻我们的意识一定要坚守道中，不随妄念而动。只要我们的意识不动，纷纷前来干扰的妄念就会渐渐自化在道中。

长此以往，我们就修成大道。

和其光。

心语：修成大道是什么样子的呢？我们的意识与道相合，意识彻底融化，意识与大道同体时，我们心中就会出现大道本体的光明。

同其尘。

心语：得道的圣人终极目标是为了度化所有众生都回归大道。得道的圣人不失大道光明，以大道平等的德心与百姓打成一片，不显锋芒，谦卑低调做人。引导众生，回归大道。

是谓玄同。

心语：这样的得道圣人，就是大道的化身，他们代大道化人。

故不可得而亲，不可得而疏；不可得而利，亦不可得而害；不可得而贵，亦不可得而贱；

心语：大道含藏万物，无所不容。大道对万物平等对待，没有分别，没有对立，没有亲疏，没有利害，没有贵贱，一律平等普施德能。得道的圣人也是如此。

故为天下贵。

心语：因此，这样与大道同体，代大道施化的得道圣人，是世间最珍贵的人。

第五十七章

以正治国，以奇用兵，以无事取天下。

心语：我们要始终将意识与大道相合，让大道的德能贯通我们的全身，让正气久住。但我们的意识常常被妄念牵走，变得自以为是、刚愎自用、顽固不化，妄念扰乱了我们与大道相应的心。所以，我们要时常警觉，一旦意识偏离了大道，我们立即要将其矫正过来，让意识安住道中，使意识与道相合。这样，我们无论做什么事都会符合自然规律，那么我们的身心就会被道德的能量滋养。我们身心就会永远健康快乐。

吾何以知其然哉？以此：

心语：我们怎么知道以上的道理呢？是由观察以下现象知道的：

天下多忌讳，而民弥贫；

心语：倘若我们常用谋略和心机，那么我们就消耗我们的精气能量，让人精气不足，身体虚弱。

民多利器，国家滋昏；

心语：倘若我们用自私的意识心打着道德的旗号，干着自私自利的事情，我们的神智就会昏乱，身体多病。

人多伎巧，奇物滋起；

心语：我们的意识被妄念、欲望牵走了，背离了大道，产生许多占有的想法。然后，我们自私的意识心作为主宰，我们就会拼命去抢夺世间的贵重物品。以此而耗费自己的心力和体力。

法物滋彰，盗贼多有。

心语：为了满足我们的私欲，我们就会编造许多华而不实的语言，到处散布，其目的是为了盗取更多的名利。

故圣人云：

心语：所以得道的圣人告诉我们：

我无为，而民自化；

心语：我们所有的行为都符合道德标准，没有私欲，那么我们的精气就会化为神力。

我好静，而民自正；

心语：我们的意识安住道心中不动，我们的意识就与大道相合，渐渐化为道能，中正不偏。

我无事，而民自富；

心语：我们做任何事情都符合自然规律，我们就精气充盈，身心健康。

我无欲，而民自朴。

心语：我们将欲望化为大道德能，那么我们的意识就与大道融为一体，归于大道了。

第五十八章

其政闷闷，其民醇醇。

心语：我们的意识与大道合为一体，我们的身体就会精气充盈。

其政察察，其民缺缺。

心语：我们的意识若背离道德，我们身体中的精气就会耗尽。

祸兮，福之所倚；福兮，祸之所伏。

心语：祸果中隐藏着福因，福果中藏匿者祸因，祸与福、福与祸总是在相互转化着。

孰知其极？其无正。

心语：谁能够知晓福与祸相互转化的原理呢？其中的奥妙就是，意识偏离大道，失去中正，就是祸。意识与道相合，就是福。因得福，意识又自我膨胀，背离大道，自我做主，灾祸就来了。灾祸来了，心生恐惧，赶紧忏悔，意识又合于道，福就来了。

若我们的意识始终与道合一，福再大，也不妄动，将意识安守道中，始终谦虚做人，就不会有祸，永远是福。

正复为奇，善复为訞，人之谜，其日固久。

心语：正的转化邪的，善的转化恶的，邪的转化正的，恶的转化善的，人们被这样的表象所迷，已经很久了。岂不知，人经过修行道德可以回避灾祸，永驻幸福。

是以圣人方而不割，廉而不害，直而不肆，光而不曜。

心语：因此，得道的圣人，显示出：德行广大，从不为情欲而丧失德行，廉洁奉公而从不徇私舞弊，正直无私而不自以为是。与道相合，德光不失，但却韬光养晦，谦卑做人，和光同尘。其目的是为了以身化人，引导人们从祸转福、福转祸的迷局中走出来，通过修行道德，化掉灾祸，永驻幸福。

第五十九章

治人事天，

心语：我们要调理我们的身心健康，那么我们就必须以符合大道规律行事。保持精、气、神的充盈，使我们的五脏六腑及全身器官浸润在大道德能之中，相互调和，健康和谐。

莫若啬；

心语：怎样才能使我们的行为符合大道规律行事？莫非是让我们安定我们的心，收回我们外逸的意识，不能放纵情欲。

夫唯啬，是谓早服；

心语：不放纵情欲，就是始终让我们心安定，将我们外逸的意识收回，安守在大道中，如如不动。

早服谓之重积德；

心语：意识安守在大道中，如如不动，意识受大道德能普照，慢慢自化，化为大道德能。

重积德则无不克；无不克则莫知其极；

心语：意识全部转化为大道德能时，我们就与大道德能合为一体，我们做什么事都会用大道德能去做，就没有什么事做不成的了。没有什么事做不成，我们的成就就会越来越大。这样，我们积下无比广大的德性。

莫知其极，可以有国。

心语：这样无比广大的德性，可以滋养我们的身心，让我们身心永远浸润在大道德能之中，让我们身心永远健康。

有国之母，可以长久。

心语：我们身心与大道德能相合，我们的一生就积累无量功德，我们的生命就会得到升华，精神永远长生不朽。

是谓深根固蒂，

心语：以上的道理可以以大道作为深根，以德能作为固蒂来比喻。

长生久视之道。

心语：深根固蒂是身体健康长寿，精神长生不老之道，是万事万物的普遍规律。

第六十章

治大国若烹小鲜。

心语：修行大道就如同烹饪一盘鲜嫩的蔬菜一样简单。

注：烧一盘鲜嫩的素菜，首先我们要专注（收回意识归道），要用爱心（意识与道相合）。

一、小心时间长了，就煮烂了。小心时间短了，就煮不熟。

二、小心火大了，就煮焦了。小心火小了，菜烧不香。（修道时要小心谨慎，要以万物为中心，不要以自我为中心，放下自我，关爱万物。）

三、油盐酱醋等调料要调和（德光普照）。

四、不要人为过度添加调料，要保持蔬菜的本味。（顺应万物而不主宰万物。）

五、要用洁净的餐具。（尊敬万物）

　　修行大道是极平凡的事，就在日常生活中，若脱离了日常生活，有何道可修？得道也是很平凡，没有什么了不起的事。得道如同人呼吸空气一样，是理所当然的。行道更平凡，作为人，活着的目的，就是践行大道，以身示教，引导大家共归大道。只是现在说这些本来就是如此的真理，人们反而觉得可笑了，因为我们的意识脱离道很久了。我们以占有为目的的个人意识心已经相当顽固了，所以，老子说："不笑不足以为道。"

以道莅天下，其鬼不神。

心语：我们身心若与道相合，大道的德能就贯通我们全身，我们身体中的病毒就伤害不了我们。

非其鬼不神，其神不伤人。

心语：不是我们身体里的病毒无害，而是因大道德能贯通我们全身，病毒在我们身体内起不了伤害我们的作用。

非其神，不伤人。

心语：既然病毒在大道德能的贯通中起不了作用，那么只要我们与大道相应，病毒就伤害不了我们身体。

圣人亦不伤。

心语：大道德能不会强行赶走病毒，而是病毒在大道德能的浸润中渐渐自化。

夫两不相伤，

心语：病毒在大道德能中不去伤害人，而大道德能又不去强行赶走病毒，病毒在大道德能中自化。

故德交归焉。

心语：最终的结果，病毒在大道德能中浸润自化成大道德能，这样，我们身心就与大道合为一体了。

第六十一章

大国者，下流。

心语：大道德能始终周流宇宙而不停。

天下之交，天下之牝。

心语：我们身心若与大道相合，我们就会感知到大道德能真实存在。所以，我们大家要视大道为我们的母亲，与大道形影不离。

牝常以静胜牡，以静为下。

心语：雌性总是以温柔平静去吸引刚强的雄性归附，因为温柔平静是谦下的行为。谦下反而能成其强大，安定反而能成就智慧。这是大道德能在现实中运用的结果，是不变的真理。

故大国以下小国，则取小国。

心语：所以我们要时时与大道相合，大道德能就会贯通我们全身，我们的身心就会融化到大道德能之中。

小国以下大国，则取大国。

心语：我们的身心自化与大道德能融为一体，那么我们就与大道德能合为一体了。

故或下以取，或下而取。

心语：所以，大道德能贯通我们身心，让我们自动感化，我们因自动感化而与大道德能融为一体。

大国不过欲兼畜人，小国不过欲入事人。

心语：大道德能的最终目的就是去度化他人，自行成道，我们自己的人生目标就是为了与大道德能融为一体，成就大道，而去度化他人。

夫两者各得其所欲，大者宜为下。

心语：大道德能与我们身心互融，双方都实现了自己的目标。大道德能始终周流宇宙，永不停息，度化无量无边的众生回归大道。

第六十二章

道者万物之奥。

心语：大道啊，是隐藏在万物之中无形而永恒的保护神。

善人之宝。

心语：修道的善人视大道为珍宝。

不善人之所保。

心语：以自我意识心为主宰，背离大道的人，因违背大道而遇到灾难。及时回头，忏悔罪过，改邪归正，将意识安住道中，修行大道，最终远离灾难，得以自保。

美言可以市，尊行可以加人。

心语：用道德的真理语言可以教化人，用道德的行为可以感化人。

人之不善，何弃之有。

心语：背离道德的不善良的人，都是可以通过教化和感化让他们改邪归正的。我们怎么可以放弃他们，而不引导他们回归大道呢？

故立天子，置三公，

心语：所以我们修道的人，意识一定要始终与大道相合，保持道心。我们的意识始终不偏离大道，让我们的精、气、神永远保持旺盛，护持我们的道心坚固不退。

【注：大国：指大道。小国：指人的身心。
天子：指道心。三公：指精、气、神。】

虽有拱璧，以先驷马，不如坐进此道。

心语：即使，我们拥有千金玉璧，拥有很高的官位，我们的意识始终要与道相合，保持坚固的道心。

古之所以贵此道者，何不日以求得？

心语：远古的人都以修行大道作为人生目标，那么，现在的人为什么不当下明白，立即修行大道呢？

有罪以免耶？

心语：因为现在的人，以自我意识心为主宰，自私自利，放纵欲望，罪业深重，灾祸不断。若当下改邪归正，修行大道，则会免罪消灾，平安幸福。

故为天下贵。

心语：只有修行大道，才会使我们身心健康，精神不朽，这是人生最珍贵的行为。所以，我们人人都必须要以修行大道为人生目标。

第六十三章

为无为，事无事，味无味。

心语：得道的圣人，所有的行为都符合大道，做任何事情都按大道规律做。他们不贪图人间美味，而是时时与道相合，保持道心，体验大道无味之真味。

大小多少。

心语：得道的圣人，始终做人谦下，但他们获得人们的普遍敬仰。他们勤劳耕耘，与世无争，但却德行远播。

报怨以德。

心语：得道圣人，即便别人埋怨他，他始终以道德去感化他们，从不与别人对立。

图难于其易，为大于其细。天下难事必作于易，天下大事必作于细。

心语：要解决困难的事必须要先了解从什么地方下手容易，要想成就大事，必须要了解大事的每一个细节。要解决天下难事必须从容易处下手。要成就天下的大事，必须做好事情每一个细小的环节。这是做事的必然规律。

是以圣人终不为大，故能成其大。

心语：因为圣人始终谦下做人，凡事从容易处下手，用爱心做好事情的每一个细节，不自以为是，所以，他们能修成大道，德能广大。

夫轻诺必寡信，多易必多难。

心语：所以，自以为是背离道德的人，总是轻易承诺，结果必然失信于人。遇到困难就逃避，结果困难越来越多。

是以圣人犹难之，故终无难。

心语：因此圣人对什么事情都会谨慎小心，从不回避困难，勇于承担。所以他们一生不会有解决不了的困难，也不会有灾难。

第六十四章

其安易持。

心语：我们要始终将我们自己的意识安住在道中，与大道相合。这样，我们才会与大道德能融为一体。在从事社会活动中，我们永远不离大道德能，永远与大道规律保持一致。

其未兆易谋，其脆易破，其微易散。为之于未有，治之于未乱。

心语：道德教化这件事情，应该尽早进行筹划安排，应该在坏的苗头还没有生起时就要进行。因为，坏的苗头刚生起时，我们用道德是很容易感化的。我们心灵的微尘很少的时候是容易清理干净的。错误的事情，在萌芽状态我们就应该立即化解，不要让它发作扩散，造成恶果。一个机构在它很安定的时候，就要进行道德教育，制定符合道德教育的规章制度。选拔有道德的人才到领导岗位。防范大家因背离道德而产生祸害。

合抱之木生于毫末，九层之台起于累土，千里之行始于足下。

心语：几人合抱的大树，是从一颗微小的树苗慢慢成长的。九层的高台，是用一筐筐土慢慢垒起来的。千里的远行，是从当下开始一步一步行走才能完成的。

【注：天下之事都是从小到大，所以道德教育应该从早进行，道德教育也是从小到大的漫长的过程，没有尽头。 只要还有一人没有回归大道，我们就不能停止。另者，违反道德标准的恶事，再小我们也不能做，因为，有小必有大，最终会给我们带来大灾难。】

为者败之，执者失之。

心语：我们若违背道德，放纵欲望，最终必然走向失败。我们越想控制财富，把持权势，越容易失去它们。

圣人无为故无败，无执故无失。

心语：得道的圣人，做什么事情都按照自然规律做事。所以，圣人做事从来没有失败。圣人对万物都是以德感化，不思回报，从不控制万物，任万物自然成长，所以，从来没有失去。

民之从事，常于几成而败之。慎终如始，则无败事。

心语：一般的人做事，刚开始时很认真地按事的规律去做，可是一旦取得一点成绩，就自以为是。意识脱离大道，自我做主，违背事的规律，最终还是失败了。所以，做任何事从头到尾我们都要谨慎小心，意识要时刻安住在大道中，不能片刻背离大道，这样，我们做任何事就不会失败。

是以圣人欲不欲，不贵难得之货；学不学，复众人之所过；

心语：所以得道的圣人德行圆满，不起贪欲，对稀有珍贵物品，没有丝毫占有心。不学世间的欺诈学问，避免了众人因放纵欲望而犯下错误。

以辅万物之自然。而不敢为。

心语：圣人始终如大道一样滋养万物生长，从不去主宰万物。圣人的意识始终与大道相合，道心圆满，从不背离大道。

第六十五章

古之善为道者，非以明民，将以愚之。

心语：远古善于修行道德的人，不是放纵意识外逸，而是将意识安住道中，让意识止住而自化，保持敦厚朴实的本性。

民之难治，以其智多。

心语：意识为什么难以安住在道中呢？是因为我们外在的妄念太多，意识常被妄念牵跑了，生出了自私自利的小聪明。

以智治国，国之贼。

心语：我们若让自私自利的意识心作为主宰，去修养身心，我们就会为了追求过多的欲望，而消耗我们的精力和体力。最终，我们的身心就会被累垮。

不以智治国，国之福。

心语：我们若以道德来修养身心，我们就会大公无私地去行善积德，我们就会有永远健康的身心，享受快乐和幸福。

知此两者亦楷式。

心语：了解以上两种修身情况，我们就知道修身的原则。

常知楷式，是谓玄德。

心语：我们要常常警惕，防止"以智治国"去修身，要常常"不以智治国"修身，这样，我们就逐渐积累到真实的德能。

玄德深矣，远矣。

心语：真实的德能深广无边，宽广无际。

与物反矣！

心语：真实的德能无欲无求，与追求自私的欲望正好相反。

乃至于大顺。

心语：真实的德能与大道同体。有真实德能的人，做任何事都符合大道规律，所以，事事大顺！

第六十六章

江海所以能为百谷王者，以其善下之，故能为百谷王。

心语：江海之所以能够成为百川汇聚之地，成为百川的归宿，是因为江海永远处于百川之下，所以才能成为百川之王。

是以圣人欲上民，必以言下之；欲先民，必以身后之。

心语：所以，圣人想用上德教化人民，必须谦下，才能教化人民。若以道德之身，引导人民归于大道，必须深入民众之中，甘处下位，与民众打成一片。

是以圣人处上而民不重。

心语：所以，圣人处于领导地位时，圣人不离道德，不会放纵个人欲望，不会增加人民的负担，人民就会轻松自在，没有压力。

处前而民不害。

心语：圣人以道德引导人民归于大道，而不会用阴谋诡计伤害人民。

是以天下乐推而不厌。

心语：所以天下的人民，总是乐于推举有道德的圣人做领袖，从来不会讨厌他们。

以其不争，故天下莫能与之争。

心语：为什么会这样？因为圣人始终以道德化人，全心奉献，从不索取。与人民无争，所以天下的人民就不会与圣人争。

第六十七章

天下皆谓我大，似不肖。

心语：天下的人都说"道"大，深广无际，好像无形无相。

夫唯大，故似不肖。

心语：就是因为"道"体广大，所以好像无形无相。

若肖，久矣其细。

心语：若"道"有形有相，人们早就把"道"当成微不足道的小事了。

夫我有三宝，持而宝之。

心语：道无形无相看不见，摸不着，但又真实存在，通过"三宝"来表达道的存在。如果我们能够坚持践行"三宝"，永不丢失，就会与"道"保持一致。

一曰慈，二曰俭，三曰不敢为天下先。

心语：什么是三宝呢？第一、仁慈（道德普施于万物）；

第二、俭约（不求万物回报）；第三、始终谦下，甘取后位（江海始终处于百谷之下）。

慈故能勇。

心语：因为没有私心，施德与万物，所以，勇敢而无畏，精进不止。

俭故能广，

心语：虽有功劳而从不占有，不求万物回报，所以，积累的德性广大。

不敢为天下先，故能成器长。

心语：始终谦下做人，甘取后位，所以众人推举他为领导人。

今舍慈且勇，舍俭且广，舍后且先，死矣！

心语：若人被表象所迷，意识背离大道，放纵欲望，舍弃仁慈去勇，就成为匹夫之勇，舍弃俭约求广，就会变成贪得无厌。舍弃谦下而去占先，就会与众人争夺，最终会身败名裂，直至死亡。

夫慈以战则胜，以守则固。

心语：所以，我们要永守仁慈的德心，对外，则能德化众生，对内，则能德能牢固。

天将救之，以慈卫之。

心语："大道"若要挽救背离道德的人，就会让背离道德的人生起仁慈之心，这是"大道"让背离道德的人回归道德的最好的护卫方法。

第六十八章

善为士者不武，

心语：有道德有地位的人，从来不会用权势强迫人们修行道德，只用身教去引导人们回归大道。

善战者不怒，

心语：用道德感化众生的圣人，从不因为众生不理解大道而发怒。

善胜战者不与，

心语：有道德的圣人无论度化了多少众生，从不要求众生给予回报。

善用人者为下。

心语：有道德的人，领导他人，始终谦卑处下。

是谓不争之德，

心语：这就是不与众人相争，以身示教的德行。

是谓用人之力，

心语：这是用道德领导他人的方法。

是谓配天。

心语：按以上的道德行事的人，其德行与天道相吻合。

古之极。

心语：与远古的得道圣人的行为准则一致。

第六十九章

用兵有言：

心语：当我们的意识脱离大道，准备妄动时，我们应当开始警觉，给意识提出这样的忠告：

吾不敢为主而为客，

心语：意识啊，你千万不要背离大道而自作主张，应该立刻止住逃离的念头，安住大道。

不敢进寸而退尺。

心语：意识啊，你刚刚起逃离的念头，千万不要向前迈进一寸，立刻退回原地，守在道中不动。

是谓行无行，攘无臂，仍无敌，执无兵。

心语：意识啊，你要告诫自己，你想逃离，你就观想我无处可逃。你想发怒举手打人，你就观想我两只手臂断了。你想与人决一死战，你就观想我没有敌人。你想执掌军权，你就观想我无一兵一卒。（如此这般，你就会停止逃离的念头，自然安住道中）。

祸莫大于轻敌。

心语：灾祸是怎样造成的呢？就是意识轻视妄念这个

敌人，被欲望极强的妄念牵走了，最后酿成大祸。

轻敌，几丧吾宝。

心语：因为轻视妄念，意识若随妄念逃离，就会背离大道，那么我们若背离大道，就会丢失大道的"慈、俭、不敢为天下先"的三大法宝。

故抗兵相加，哀者胜矣。

心语：倘若无数刚强的妄念前来干扰，想牵动意识，意识应柔弱不动，安住道中，最终妄念会退却，意识与道相合，德能圆满，大获全胜。

第七十章

吾言甚易知，甚易行。

心语：我关于知"道"、修"道"、证"道"、用"道"的理论是极其简单的。就像天空中有空气一样，千万不要将道神秘化，我关于修道的具体方法更是简单易行的，千万不要复杂化。

天下莫能知莫能行。

心语：因为，人们以自我意识心作为主宰，放纵情欲，所以背离大道，昏昧无知。不能从理上了知大道，更不能实实在在地修行大道。

言有宗，事有君。

心语：我关于大道的理论是符合大道本源的。我关于实际修行大道是有具体方法的。

夫唯无知，是以不我知。

心语：若将意识安住道中，意识自化为大道德能，意识化掉了自己，没有自己的主见，所有的见解都与大道一致，都是大道的见解。

知我者希，则我者贵。

心语：通过"听之不闻"的方法而觉知大道是通达十方、光明无碍、本来存在、永恒不变的大道本源时，大家就知道大道是多么珍贵。

是以圣人被褐怀玉。

心语：所以得道的圣人虽然身穿粗布衣衫，但是他不灭的光明道心就如同无瑕的宝玉一样珍贵。

第七十一章

知，不知，上。

心语：对宇宙万物通达无碍无所不知，却不露锋芒与万物打成一片的圣人，在常人看来，他什么也不知道，是一个普通平凡的人。这样的人是得道的圣人，具备了至上的德能。

不知，知，病。

心语：放纵自我意识，自以为是，对宇宙万物本不了知，而凭自我主观意识妄加臆想，独断专行，装腔作势，夸夸其谈，自以为自己的臆想是真理，目空一切，否定真理，这样的人，心中阴暗无光，德能不显，私欲膨胀，是背离大道之人。

夫唯病病是以不病。

心语：得道的圣人，因与大道同体，能够了知背离大道的人背离大道的原因，然后，用适用于背离大道的人的教化方法，用道德感化他们，让他们痛改前非，回归大道。

圣人不病，以其病病，是以不病。

心语：得道的圣人，能够用道德感化背离大道的人回归大道。是因为，得道的圣人始终与大道同体，代大道化人，能够了知背离大道的人背离大道的原因，找到度化他们的方法，所以才能够让他们回归大道。

第七十二章

民不畏威，大威至矣。

心语：意识安守道中，与道相融，见道体德能之光而不退缩，自化其中，与大道同体。则道体大光明就会在心中显露。

无狭其所居，无厌其所生。

心语：意识与道同体，德光普照，无边无际，没有停留，没有阴暗，光明透亮。妄念纷纷前来干扰，意识不随妄念，不生自私自利的认知，与道不离，尽显德光，如如不动。

夫唯不厌，是以不厌。

心语：因为意识与道合为一体，不为纷纷前来的妄念而生自私自利的认知。所以，就无烦恼可言，清静恬淡，自然无为。

是以圣人自知不自见，自爱不自贵。

心语：所以得道的圣人能了知宇宙万物一切真理，但从来不自以为是，没有自己的见解，唯道是从，德光普化万物，但从来不觉得自己高贵。

故去彼取此。

心语：所以修行道德如此简单，就是将自见、自贵的个人意识融化到自知、自爱的大公无私的大道之中。

第七十三章

勇于敢则杀。

心语：当我们的意识背离了道，刚强好胜的意识心就会作为主宰，因为刚强好胜，所以气力旺盛，为了争强好胜，就会与人拼杀打斗，呈匹夫之勇，其最终的结果，不是被他人所杀，就是自己气力耗尽而身亡。

勇于不敢则活。

心语：意识合于道，与道同体，则智慧通达，德能圆满，浩然之气通达天地，道力无穷。但从没有争斗之心，遇事则忍，凡事皆以道德感化，最终化敌为友，同归大道。成就永久的丰功伟业而不占有。

此两者，或利或害。

心语："勇于敢"害人害己害天下，"勇于不敢"利人利己利天下。

天之所恶，孰知其故。

心语：天道大公无私。最厌恶放纵情欲，自以为是，害人害己害天下人的自私行为。但背离道德的人，因欲望蒙蔽了心智，他感知不到天意。

是以圣人犹难之。

心语：因此，圣人常常替这些背离道德的人担忧啊。希望他们早日回归大道。

天之道，不争而善胜，不言而善应，不召而自来。

心语：天道从不与万物相争，而是默默滋养万物生长。不主宰万物，顺应万物自然成长。不对万物发号施令，让万物自然成熟。

繟然而善谋。

心语：天道之体宽广无边，天道不把控万物，任万物自然生长，但万物的善与恶全部存储在天道之中。天道根据万物的善恶之因，施以公平公正的果报。

天网恢恢，疏而不失。

心语：天道之体宽广无际，没有丝毫缝隙，万物善恶全部收藏在其中。善有善报，恶有恶报，这是不变的天理。

第七十四章

民不畏死，奈何以死惧之。

心语：人们的意识一旦背离大道，自私而刚强的意识心作为主宰，人们就会为了私欲而去拼命地争斗，最终走向死亡。因为人们的意识被欲望迷住了，他们不知道这样做会走向死亡，所以他们不害怕死亡。在这样的状态下，我们若用严厉的法律乃至死刑来强迫人们意识回归大道是起不了任何作用的。

若使民常畏死。

心语：我们只能始终如一用道德去感化意识背离大道的人们，让他们明白，用意识背离大道而放纵个人情欲最终会走向死亡的道理，只有这样，意识才会回头，安守道中，最终与道合为一体，自化为道心。

而为奇者，吾得执而杀之。

心语：即使我们用道德去感化意识背离大道的人，他们还是用各种方法进行回避，不接受道德感化，但我们不要放弃他们，应该坚持不懈的用道德感化他们，直到他们回归大道为止。

熟敢？常有司杀者。

心语：谁能够勇敢地承担用道德教化背离大道的人回归大道的艰巨任务呢？只有按照道德标准以身作则的人。

夫代司杀者，是谓代大匠斫。

心语：如果你自己没有道德，而假装有道德去教化背离道德的人回归大道，不仅你教化不了他们，反而被他们带入了罪恶的深渊，就像不会做木工的人代替技艺高超的木工一样。

夫代大匠斫者，希有不伤手也。

心语：你连木工基础都不会，就敢去代替技艺高超的木工去干活，你肯定会伤害到自己的手。一个没有道德修养的人，假装有道德的人，去教化背离道德的人，你不但教化不了他们，反而被他们将你拉下水，走向罪恶的深渊。所以要想成为一个教化他人的人，必须自己要修好道德，以身作则，做好楷模。

第七十五章

民之饥，以其上食税之多，是以饥。

心语：我们的意识，为什么不能得到大道德能的滋养？是因为我们的意识被贪欲极重的妄念牵引而产生新的欲望，从而背离大道。所以我们的意识得不到大道德能的滋养。

民之难治，以其上之有为，是以难治。

心语：我们的意识为什么会躁动不安，难以平静。是因为我们的意识被贪欲极重的妄念牵走了，产生新的欲望，我们的行为违背了自然规律。所以我们的意识总是处在烦躁不安的状态，不能清净。

民之轻死，以其求生之厚，是以轻死。

心语：我们的意识，为什么会将我们带入死亡之地呢？是因为我们的意识被贪图荣华富贵、山珍海味的妄念所牵引，而产生新的欲望，消耗我们的精气神，最终将我们轻而易举地带入死亡之地。

夫唯无以生为者，是贤于贵生。

心语：如果我们的意识安住大道，与大道相合。我们按照自然规律生活，比意识背离大道，放纵欲念，贪求物质欲望的生活，不知要胜出多少倍。因此，我们应该让意识与道相合，按照自然规律生活。

第七十六章

人之生也柔弱，其死也坚强。万物草木之生也柔脆，其死也枯槁。

心语：我们的意识若安守道中，渐渐自化成为德能，那么具体表现在人身上，这个人就会很温和柔软，谦卑慈祥。若意识背离了大道，以自私的意识心作为主宰，为了满足私欲，最终会将我们带入死亡之地，这样的人就表现为自以为是，高傲自大，刚强不化，争强好胜的强硬个性。（这个道理很难理解，那么我们就用自然界的物质现象来比喻吧，以便我们更好地理解。自然界所有花草树木等植物，当它们生长在大地之中，根部没有脱离大地，它们活着的时候，那么它们的枝干枝条就会很柔软。倘若我们将它们砍伐，根部脱离了大地，它们就死了，它们的枝干枝条就会枯萎坚硬。这个物质现象的道理与意识不脱离大道则生而柔弱，意识背离了大道则死而坚强是一样的道理。）

故坚强者死之徒，柔弱者生之徒。

心语：所以，意识若背离大道，自我做主，刚强不化，争强好胜，最终必死无疑。意识若安住道中，自化成德能，德化众生，必能成就不朽功德。

是以兵强则不胜，木强则共。

心语：所以，意识若背离大道，刚强好胜，争斗不休。最终必败无疑。就像被砍伐的大树，根部脱离了大地，失去生命，干枯坚硬，很容易折断一样。

强大处下，柔弱处上。

心语：意识若背离大道，刚强不化，争强好胜，最终会自取灭亡。倘若意识安住道中，自化成德能，最终与道合一，功德圆满，永恒不灭。

第七十七章

天之道，其犹张弓乎！高者抑之，下者举之，有余者损之，不足者与之。

心语：大公无私的天道公平公正，就像张弓射箭一样，高了就会压低一些，低了就会抬高一些，力气用大了就减少一些，力气用小了就增大一些，一直保持着平衡。

天之道损有余而补不足。人之道则不然，损不足以奉有余。

心语：大公无私的天道，始终是减少有余的而弥补不足的，使二者能够达到中和平衡，没有差别。而自私自利的人想法就不一样了，对贫穷的人反而用各种手段去搜刮，而对富有的人却去谄媚巴结。

孰能有余以奉天下？唯有道者。

心语：谁能够将自己拥有的东西无偿的施予天下人呢？那么，只有得道的圣人才会这样做。

是以圣人为而不恃，功成而不处，其不欲见贤。

心语：所以得道的圣人，与大道同体，德化天下，从不自以为是，都按大道规律行事。他们取得了很大的成就，却从不占有，奉献给社会，他们不需要人们的赞美，他们隐匿身份，与人民打成一片，甘于做个平凡的人。

第七十八章

天下柔弱莫过于水，而攻坚强者莫知能胜，其无以易之。

心语：天下最柔弱的物质也就是水了，而攻克坚强的东西是没有什么力量能够胜过它的，水的这种特性是没有任何物质能够取代的。

弱之胜强，柔之胜刚，天下莫不知，莫能行。

心语：弱能胜强，柔能胜刚，这样的真理，天下人没有不知道的，但天下人都没能按照这个真理去做。

故圣人云：受国之垢，是谓社稷主；受国之不祥，是谓天下王，正言若反。

心语：所以得道的圣人，告诉我们真理：你若能快乐的忍受一个团体的人对你的诬陷，你就能够做这个团体的领导者。你若能高兴的承担一个机构的灾难，你就能成为这个机构的领袖。这些话都是真理，但一般人听起来好像是谬论。

第七十九章

和大怨，必有余怨，安可以为善？

心语：我们人生在世，应该始终以柔弱无争处世。不与人因争强好胜而结下怨恨。虽然说怨恨可以调和，但再怎么调和，也会留下阴影，怎么能和没有结怨一样平安无事呢？

是以圣人执左契而不责于人。

心语：所以得道的圣人，手上有别人的借条，但因为别人有难处，不主动还钱，圣人也不去强行催讨，其目的是不与人结怨。

有德司契，无德司彻。

心语：有德行的人就像手中有借条，而不主动向别人讨债一样，不与人结怨。没有德行的人，别人不欠他的钱，他想尽办法勒索他人财物，与别人结下仇怨。

天道无亲，常与善人。

心语：天道公正无私，对所有的人没有亲疏之分，一视同仁，只是永恒的按照因果规律奖赏那些做善事的人们。

第八十章

小国寡民，

心语：修行道德的人一定要以身示道。彻底放下身段，谦卑做人；要将意识牢牢安住道中，止住意识而不妄动。

使有什伯人之器而不用。

心语：无论外界用什么千奇百态的花样来诱惑你，意识永远不为所动，守在道中。

使民重死而不远徙。

心语：我们应知道意识一旦背离大道，自私的意识心作为主宰，它就会自以为是，私欲膨胀。为了占有，而去争强好斗，最终将我们引入死亡之地。所以，无论如何，我们的意识都不能远离大道，要牢牢地安住道中。

虽有舟舆，无所乘之，虽有甲兵，无所陈之。

心语：虽然我们财富充足，富甲一方，拥有豪华的游船和高档上乘的车辆，我们的意识也不能为了满足享乐的欲念而外驰，我们不去为了个人的享受乘车坐船游玩。而应将这些物质财富都化为普度众生回归大道的德资。

虽然我们智慧超人，气力旺盛，武功高强，但我们从来不显示自我，炫耀自我，韬光养晦，低调做人。

使民复结绳而用之。

心语：我们的意识渐渐自化道中，德能圆满，与道同体，质朴无华，无私无欲，将我们带到远古结绳记事的纯朴道德社会境界。

甘其食，美其服，安其居，乐其俗，邻国相望，鸡狗之声相闻，

心语：我们享受着自然界赐予我们的天然食品，穿着朴实无华的典雅服装，住着融于山水的简朴住房，遵守着传统的道德礼节，人与人之间亲切相处，大家互相恪守信用，忠诚实在，过着自由舒适的生活。

民至老死不相往来。

心语：由于我们的意识已经与大道合为一体，所以，它不再向外攀缘。

第八十一章

信言不美。

心语：大道的真理之言是质朴无华的。

美言不信。

心语：用华丽的词藻堆砌出骗人的谎言是不能够相信
的。

善者不辩。

心语：得道的圣人与道合一，清静无为，以身教度化
众生，从不与人在言语上进行争辩。

辩者不善。

心语：意识背离大道的人为了获取利益而用自私的意
识心巧言善辩，他们的言行违背了道德。

知者不博，博者不知。

心语：得道的圣人意识安住道中，从不外逸攀缘。意

识背离了大道，就会到处攀缘，离道越来越远了。

圣人不积。

心语：得道的圣人，功德显著，但他们丝毫不占有。

既以为人己愈有。

心语：圣人帮助他人越多，自己越感到充实。

既已与人己愈多。

心语：圣人用道德感化的人越多，自己的德性就越来越深厚。

天之道，利而不害。

心语：天之道，滋养万物而不需要万物回报。

圣人之道，为而不争。

心语：得道的圣人，始终以度化众生回归大道为己任，以身施教，但却从不炫耀自我，与世无争。

附《道德经》经文

—宋刊河上公版

《道德经》 简体拼音版

第一章

dào kě dào fēi cháng dào　míng kě míng
道：可道，非常道。名：可名，

fēi cháng míng wú míng tiān dì zhī shǐ
非常名。无，名天地之始。

yǒu míng wàn wù zhī mǔ gù cháng wú
有，名万物之母。故，常无，

yù yǐ guān qí miào cháng yǒu yù yǐ guān qí jiào
欲以观其妙。常有，欲以观其徼。

cǐ liǎng zhě tóng chū ér yì míng tóng wèi zhī xuán
此两者，同出而异名。同谓之玄。

xuán zhī yòu xuán zhòng miào zhī mén
玄之又玄，众妙之门。

第二章

tiān xià jiē zhī měi zhī wéi měi sī è yǐ
天下皆知美之为美，斯恶已。

jiē zhī shàn zhī wéi shàn sī bú shàn yǐ
皆知善之为善，斯不善已。

gù yǒu wú xiāng shēng nán yì xiāng chéng
故，有无相生，难易相成，

cháng duǎn xiāng xíng gāo xià xiāng qīng
长短相形，高下相倾，

yīn shēng xiāng hé qián hòu xiāng suí
音声相和，前后相随。

shì yǐ shèng rén chù wú wéi zhī shì xíng bù yán zhī jiào
是以，圣人处无为之事，行不言之教；

万物作焉而不辞， 生而不有，

为而不恃，功 成 而弗居。夫惟弗居，

是以不去。

第三章

不尚贤，使民不争。不贵难得之货，

使民不为盗。不见现可欲，使心不乱。

是以， 圣人治 ；虚其心，实其腹，

弱其志，强 其骨。常 使民无知无欲，

使夫知 者 不 敢 为 也。 为 无 为，

则无不治。

第四章

道冲 ， 而用之或不盈。 渊乎，

似万物之宗。挫其锐， 解其纷，

和其光，同其尘。湛兮，似若存。

wú bù zhī shuí zhī zǐ　　xiàng dì zhī xiān
吾不知谁之子，象帝之先。

第五章

tiān dì bù rén　yǐ wàn wù wéi chú gǒu　shèng rén bù rén
天地不仁，以万物为刍狗。圣人不仁，
yǐ bǎi xìng wéi chú gǒu　tiān dì zhī jiān
以百姓为刍狗。天地之间，
qí yóu tuó yuè hū　xū ér bù qū　dòng ér yù chū
其犹橐籥乎？虚而不屈，动而愈出。
duō yán shuò qióng　bù rú shǒu zhōng
多言数穷，不如守中。

第六章

gǔ shén bù sǐ　shì wèi xuán pìn　xuán pìn zhī mén
谷神不死，是谓玄牝，玄牝之门，
shì wèi tiān dì gēn　mián mián ruò cún　yòng zhī bù qín
是谓天地根。绵绵若存，用之不勤。

第七章

tiān cháng dì jiǔ　tiān dì suǒ yǐ néng cháng qiě jiǔ zhě
天长地久。天地所以能长且久者，
yǐ qí bú zì shēng　gù néng cháng shēng　shì yǐ
以其不自生，故能长生。是以，
shèng rén　hòu qí shēn ér shēn xiān
圣人，后其身而身先，

wài qí shēn ér shēn cún　　fēi yǐ qí wú sī yé
外 其 身 而 身 存 。 非 以 其 无 私 邪 ，

gù néng chéng qí sī
故 能 成 其 私 。

第八章

shàng shàn ruò shuǐ　shuǐ shàn　　lì wàn wù ér bù zhēng
上 善 若 水 。 水 善 ， 利 万 物 而 不 争 。

chù zhòng rén zhī suǒ wù　　gù jǐ yú dào　jū shàn dì
处 众 人 之 所 恶 ， 故 几 于 道 。 居 善 地 。

xīn shàn yuān　yǔ shàn rén　yán shàn xìn　zhèng shàn zhì
心 善 渊 。 与 善 仁 。 言 善 信 。 正 善 治 。

shì shàn néng　　dòng shàn shí　　fū wéi bù zhēng
事 善 能 。 动 善 时 。 夫 唯 不 争 ，

gù wú yóu
故 无 尤 。

第九章

chí ér yíng zhī　　bù rú qí yǐ　　chuāi ér ruì zhī
持 而 盈 之 ， 不 如 其 已 。 揣 而 锐 之 ，

bù kě cháng bǎo　　jīn yù mǎn táng　　mò zhī néng shǒu
不 可 长 保 。 金 玉 满 堂 ， 莫 之 能 守 。

fù guì ér jiāo　　　zì yí qí jiù
富 贵 而 骄 ， 自 遗 其 咎 。

gōng chéng míng suì shēn tuì　　tiān zhī dào
功 成 名 遂 身 退 ， 天 之 道 。

第十章

<ruby>载<rt>zǎi</rt></ruby> <ruby>营<rt>yíng</rt></ruby> <ruby>魄<rt>pò</rt></ruby> <ruby>抱<rt>bào</rt></ruby> <ruby>一<rt>yī</rt></ruby>，<ruby>能<rt>néng</rt></ruby> <ruby>无<rt>wú</rt></ruby> <ruby>离<rt>lí</rt></ruby>？<ruby>专<rt>tuán</rt></ruby> <ruby>气<rt>qì</rt></ruby> <ruby>致<rt>zhì</rt></ruby> <ruby>柔<rt>róu</rt></ruby>，

<ruby>能<rt>néng</rt></ruby> <ruby>婴<rt>yīng</rt></ruby> <ruby>儿<rt>ér</rt></ruby>？<ruby>涤<rt>dí</rt></ruby> <ruby>除<rt>chú</rt></ruby> <ruby>玄<rt>xuán</rt></ruby> <ruby>览<rt>lǎn</rt></ruby>，<ruby>能<rt>néng</rt></ruby> <ruby>无<rt>wú</rt></ruby> <ruby>疵<rt>cī</rt></ruby>？

<ruby>爱<rt>ài</rt></ruby> <ruby>民<rt>mín</rt></ruby> <ruby>治<rt>zhì</rt></ruby> <ruby>国<rt>guó</rt></ruby>，<ruby>能<rt>néng</rt></ruby> <ruby>无<rt>wú</rt></ruby> <ruby>知<rt>zhī</rt></ruby>？<ruby>天<rt>tiān</rt></ruby> <ruby>门<rt>mén</rt></ruby> <ruby>开<rt>kāi</rt></ruby> <ruby>阖<rt>hé</rt></ruby>，

<ruby>能<rt>néng</rt></ruby> <ruby>无<rt>wú</rt></ruby> <ruby>雌<rt>cí</rt></ruby>？<ruby>明<rt>míng</rt></ruby> <ruby>白<rt>bái</rt></ruby> <ruby>四<rt>sì</rt></ruby> <ruby>达<rt>dá</rt></ruby>，<ruby>能<rt>néng</rt></ruby> <ruby>无<rt>wú</rt></ruby> <ruby>知<rt>zhī</rt></ruby>？

<ruby>生<rt>shēng</rt></ruby> <ruby>之<rt>zhī</rt></ruby> <ruby>畜<rt>xù</rt></ruby> <ruby>之<rt>zhī</rt></ruby>。<ruby>生<rt>shēng</rt></ruby> <ruby>而<rt>ér</rt></ruby> <ruby>不<rt>bù</rt></ruby> <ruby>有<rt>yǒu</rt></ruby>。<ruby>为<rt>wéi</rt></ruby> <ruby>而<rt>ér</rt></ruby> <ruby>不<rt>bú</rt></ruby> <ruby>恃<rt>shì</rt></ruby>。

<ruby>长<rt>zhǎng</rt></ruby> <ruby>而<rt>ér</rt></ruby> <ruby>不<rt>bù</rt></ruby> <ruby>宰<rt>zǎi</rt></ruby>，<ruby>是<rt>shì</rt></ruby> <ruby>谓<rt>wèi</rt></ruby> <ruby>玄<rt>xuán</rt></ruby> <ruby>德<rt>dé</rt></ruby>。

第十一章

<ruby>三<rt>sān</rt></ruby> <ruby>十<rt>shí</rt></ruby> <ruby>辐<rt>fú</rt></ruby> <ruby>共<rt>gòng</rt></ruby> <ruby>一<rt>yī</rt></ruby> <ruby>毂<rt>gǔ</rt></ruby>，<ruby>当<rt>dāng</rt></ruby> <ruby>其<rt>qí</rt></ruby> <ruby>无<rt>wú</rt></ruby>，<ruby>有<rt>yǒu</rt></ruby> <ruby>车<rt>chē</rt></ruby> <ruby>之<rt>zhī</rt></ruby> <ruby>用<rt>yòng</rt></ruby>。

<ruby>埏<rt>shān</rt></ruby> <ruby>埴<rt>zhí</rt></ruby> <ruby>以<rt>yǐ</rt></ruby> <ruby>为<rt>wéi</rt></ruby> <ruby>器<rt>qì</rt></ruby>，<ruby>当<rt>dāng</rt></ruby> <ruby>其<rt>qí</rt></ruby> <ruby>无<rt>wú</rt></ruby>，<ruby>有<rt>yǒu</rt></ruby> <ruby>器<rt>qì</rt></ruby> <ruby>之<rt>zhī</rt></ruby> <ruby>用<rt>yòng</rt></ruby>。

<ruby>凿<rt>záo</rt></ruby> <ruby>户<rt>hù</rt></ruby> <ruby>牖<rt>yǒu</rt></ruby> <ruby>以<rt>yǐ</rt></ruby> <ruby>为<rt>wéi</rt></ruby> <ruby>室<rt>shì</rt></ruby>，<ruby>当<rt>dāng</rt></ruby> <ruby>其<rt>qí</rt></ruby> <ruby>无<rt>wú</rt></ruby>，<ruby>有<rt>yǒu</rt></ruby> <ruby>室<rt>shì</rt></ruby> <ruby>之<rt>zhī</rt></ruby> <ruby>用<rt>yòng</rt></ruby>。

<ruby>故<rt>gù</rt></ruby>，<ruby>有<rt>yǒu</rt></ruby> <ruby>之<rt>zhī</rt></ruby> <ruby>以<rt>yǐ</rt></ruby> <ruby>为<rt>wéi</rt></ruby> <ruby>利<rt>lì</rt></ruby>，<ruby>无<rt>wú</rt></ruby> <ruby>之<rt>zhī</rt></ruby> <ruby>以<rt>yǐ</rt></ruby> <ruby>为<rt>wéi</rt></ruby> <ruby>用<rt>yòng</rt></ruby>。

第十二章

<ruby>五<rt>wǔ</rt></ruby> <ruby>色<rt>sè</rt></ruby> <ruby>令<rt>lìng</rt></ruby> <ruby>人<rt>rén</rt></ruby> <ruby>目<rt>mù</rt></ruby> <ruby>盲<rt>máng</rt></ruby>。<ruby>五<rt>wǔ</rt></ruby> <ruby>音<rt>yīn</rt></ruby> <ruby>令<rt>lìng</rt></ruby> <ruby>人<rt>rén</rt></ruby> <ruby>耳<rt>ěr</rt></ruby> <ruby>聋<rt>lóng</rt></ruby>。

wǔ wèi lìng rén kǒu shuǎng　　chí chěng tián liè
五味令人口爽。驰骋田猎，

lìng rén xīn fā kuáng　　nán dé zhī huò　　lìng rén xíng fáng
令人心发狂。难得之货，令人行妨。

shì yǐ　　shèng rén wéi fù bú wéi mù　　gù qù bǐ qǔ cǐ
是以，圣人为腹不为目。故去彼取此。

第十三章

chǒng rǔ ruò jīng　　guì dà huàn ruò shēn
宠辱若惊，贵大患若身。

hé wèi chǒng rǔ　　rǔ wéi xià　　dé zhī ruò jīng
何谓宠辱？辱为下，得之若惊，

shī zhī ruò jīng　　shì wèi chǒng rǔ ruò jīng
失之若惊。是谓宠辱若惊。

hé wèi guì dà huàn ruò shēn
何谓贵大患若身？

wú suǒ yǐ yǒu dà huàn zhě　　wéi wú yǒu shēn
吾所以有大患者，为吾有身，

jí wú wú shēn　　wú yǒu hé huàn
及吾无身，吾有何患？

gù guì yǐ shēn wéi tiān xià zhě　　zé kě jì yú tiān xià
故贵以身为天下者，则可寄于天下。

ài yǐ shēn wéi tiān xià zhě　　nǎi kě yǐ tuō yú tiān xià
爱以身为天下者。乃可以托于天下。

第十四章

shì zhī bú jiàn　　míng yuē yí　　tīng zhī bù wén
视之不见，名曰夷；听之不闻，

míng yuē xī　tuán zhī bù dé　míng yuē wēi
名曰希。抟之不得，名曰微。

cǐ sān zhě bù kě zhì jié　gù　hùn ér wéi yī
此三者不可致诘。故，混而为一，

qí shàng bù jiǎo　qí xià bú mèi　shéngshéng bù kě míng
其上不皦，其下不昧，绳绳不可名，

fù guī yú wú wù　shì wèi wú zhuàng zhī zhuàng
复归于无物。是谓无状之状，

wú wù zhī xiàng　shì wèi hū huǎng
无物之象，是为忽恍。

yíng zhī bú jiàn qí shǒu　suí zhī bú jiàn qí hòu
迎之不见其首，随之不见其后。

zhí gǔ zhī dào　yǐ yù jīn zhī yǒu　yǐ zhī gǔ shǐ
执古之道，以御今之有。以知古始，

shì wèi dào jì
是谓道纪。

第十五章

gǔ zhī shàn wéi shì zhě　wēi miào xuán tōng
古之善为士者，微妙玄通，

shēn bù kě shí　fū wéi bù kě shí　gù qiǎng wéi zhī róng
深不可识。夫唯不可识，故强为之容。

yǔ xī　ruòdōng shè chuān　yóu xī　ruòwèi sì lín
与兮，若冬涉川。犹兮，若畏四邻。

yǎn xī　qí ruò kè　huàn xī　ruòbīng zhī jiāng shì
俨兮，其若客，涣兮，若冰之将释。

dūn xī　qí ruò pǔ　kuàng xī　qí ruò gǔ　hún xī
敦兮，其若朴。旷兮，其若谷，浑兮，

qí ruò zhuó　shú néng zhuó yǐ jìng zhī xú qīng
其若浊。孰能浊以静之徐清？

shú néng ān yǐ jiǔ dòng zhī xú shēng
孰 能 安 以 久 动 之 徐 生 ?

bǎo cǐ dào zhě bú yù yíng fū wéi bù yíng gù néng bì
保 此 道 者,不 欲 盈。夫 唯 不 盈,故 能 蔽,

bù xīn chéng
不 新 成。

第十六章

zhì xū jí shǒu jìng dǔ wàn wù bìng zuò
至 虚 极, 守 静 笃。 万 物 并 作,

wú yǐ guān qí fù fū wù yúnyún gè fù guī qí gēn
吾 以 观 其 复。夫 物 芸芸,各 复 归 其 根。

guī gēn yuē jìng shì wèi fù mìng fù mìng yuē cháng
归 根 曰 静,是 谓 复 命。复 命 曰 常,

zhī cháng yuē míng bù zhī cháng wěi zuò xiōng
知 常 曰 明。不 知 常, 萎 作 凶。

zhī cháng róng róng nǎi gōng gōng nǎi wáng
知 常 容。 容 乃 公。 公 乃 王。

wáng nǎi tiān tiān nǎi dào dào nǎi jiǔ mò shēn bú dài
王 乃 天。天 乃 道。道 乃 久。没 身 不 殆。

第十七章

tài shàng xià zhī yǒu zhī qí cì qīn zhī yù zhī
太 上, 下 知 有 之。其 次, 亲 之 誉 之。

qí cì wèi zhī qí cì wǔ zhī xìn bù zú yān
其 次,畏 之。其 次,侮 之。信 不 足 焉。

yóu xī qí guì yán gōngchéng shì suì bǎi xìng jiē wèi
犹 兮 其 贵 言,功 成 事 遂。百 姓 皆 谓,

_{wǒ zì rán}
我自然。

第十八章

_{dà dào fèi　　yǒu rén yì　　zhì huì chū　　yǒu dà wěi}
大道废，有仁义。智惠出，有大伪。
_{liù qīn bù hé　　yǒu xiào cí　　guó jiā hūn luàn}
六亲不和，有孝慈。国家昏乱，
_{yǒu zhōng chén}
有忠臣。

第十九章

_{jué shèng qì zhì　　mín lì bǎi bèi jué rén qì yì}
绝圣弃智，民利百倍;绝仁弃义，
_{mín fù xiào cí　　jué qiǎo qì lì　　dào zéi wú yǒu}
民复孝慈；绝巧弃利，盗贼无有。
_{cǐ sān zhě　　yǐ wéi wén bù zú　　gù　　lìng yǒu suǒ shǔ}
此三者，以为文不足。故，令有所属，
_{jiàn sù bào pǔ　　shǎo sī guǎ yù}
见素抱朴，少私寡欲。

第二十章

_{jué xué wú yōu　　wéi zhī yǔ ē xiāng qù jǐ hé}
绝学无忧。唯之与阿相去几何？
_{shàn zhī yǔ è xiāng qù hé ruò　　rén zhī suǒ wèi}
善之与恶相去何若？人之所畏，

bù kě bú wèi　　　huāng xī　　qí wèi yāng zāi
不可不畏。荒兮，其未央哉。

zhòng rén xī xī　　rú xiāng tài láo　　rú chūn dēng tái
众人熙熙，如享太牢，如春登台。

wǒ dú bó xī　qí wèi zhào　　rú yīng ér zhī wèi hái
我独怕兮其未兆，如婴儿之未孩，

chéng chéng xī ruò wú suǒ guī　　zhòng rén jiē yǒu yú
乘乘兮若无所归。众人皆有余。

ér wǒ dú ruò yí　　wǒ yú rén zhī xīn yě zāi
而我独若遗，我愚人之心也哉，

dùn dùn xī　　sú rén zhāo zhāo　　wǒ dú ruò hūn
沌沌兮。俗人昭昭，我独若昏。

sú rén chá chá　　wǒ dú mèn mèn　　hū xī ruò hǎi
俗人察察，我独闷闷，忽兮若海，

piāo xī ruò wú suǒ zhǐ　　zhòng rén jiē yǒu yǐ
漂兮若无所止。众人皆有以，

ér wǒ dú wán sì bǐ　　wǒ dú yì yú rén
而我独顽似鄙。我独异于人，

ér guì shí mǔ
而贵食母。

第二十一章

kǒng dé zhī róng　　wéi dào shì cóng　　dào zhī wéi wù
孔德之容，唯道是从。道之为物，

wéi huǎng wéi hū　　hū xī huǎng xī　　qí zhōng yǒu xiòng
唯恍唯忽。忽兮恍兮，其中有像。

huǎng xī hū xī　　qí zhōng yǒu wù　　yǎo xī míng xī
恍兮忽兮，其中有物。窈兮冥兮，

qí zhōng yǒu jīng　　qí jīng shèn zhēn　　qí zhōng yǒu xìn
其中有精。其精甚真，其中有信。

zì gǔ jí jīn　　qí míng bú qù　　yǐ yuè zhòng fǔ
自古及今，其名不去，以阅众甫。

wú　　hé yǐ zhī zhòng fǔ zhī rán zāi　　yǐ cǐ
吾，何以知众甫之然哉？以此。

第二十二章

qǔ zé quán　　wǎng zé zhí　　wā zé yíng
曲则全，枉则直，洼则盈，

bì zé xīn　　shǎo zé dé　　duō zé huò
弊则新，少则得，多则惑。

shì yǐ shèng rén bào yī wéi tiān xià shì　　bú zì xiàn
是以圣人抱一为天下式。不自见现，

gù míng　　bú zì shì　　gù zhāng　　bú zì fá
故明；不自是，故彰；不自伐，

gù yǒu gōng　　bú zì jīn　　gù cháng　　fū wéi bù zhēng
故有功；不自矜，故长。夫唯不争，

gù tiān xià mò néng yǔ zhī zhēng　　gǔ zhī suǒ wèi
故天下莫能与之争。古之所谓

qǔ zé quán　　zhě　　qǐ xū yán zāi　　chéng
"曲则全"者，岂虚言哉。诚，

quán ér guī zhī
全而归之。

第二十三章

xī yán zì rán　　piāo fēng bù zhōng zhāo
希言自然。飘风不终朝，

zhòu yǔ bù zhōng rì　　shú wéi cǐ zhě　　tiān dì
骤雨不终日。孰为此者？天地。

tiān dì shàng bù néng jiǔ　　ér kuàng yú rén hū
天 地 尚 不 能 久，而 况 于 人 乎？

gù　　cóng shì yú dào zhě　　dào zhě tóng yú dào
故， 从 事 于 道 者， 道 者 同 于 道。

dé zhě tóng yú dé　shī zhě tóng yú shī　tóng yú dào zhě
德 者 同 于 德。失 者 同 于 失。同 于 道 者，

dào yì lè dé zhī　tóng yú dé zhě　dé yì lè dé zhī
道 亦 乐 得 之。同 于 德 者，德 亦 乐 得 之。

tóng yú shī zhě　shī yì lè shī zhī　xìn bù zú yān
同 于 失 者， 失 亦 乐 失 之。 信 不 足 焉，

yǒu bú xìn yān
有 不 信 焉。

第二十四章

qǐ zhě bú lì　kuà zhě bù xíng　zì jiàn zhě bù míng
跂 者 不 立， 跨 者 不 行。自 见 者 不 明，

zì shì zhě bù zhāng　　zì fá zhě wú gōng
自 是 者 不 彰， 自 伐 者 无 功，

zì jīn zhě bù cháng　　qí yú dào yě
自 矜 者 不 长。 其 于 道 也，

yuē yú shí zhuì hèng　wù huò wù zhī
曰 余 食 赘 行， 物 或 恶 之。

gù　yǒu dào zhě bú chǔ yě
故， 有 道 者 不 处 也。

第二十五章

yǒu wù hùn chéng　xiān tiān dì shēng　jì xī liáo xī
有 物 混 成， 先 天 地 生。寂 兮 寥 兮，

dú lì ér bù gǎi　　zhōu xíng ér bú dài
独 立 而 不 改 。 周 行 而 不 殆 ，

kě yǐ wéi tiān xià mǔ　　wú bù zhī qí míng
可 以 为 天 下 母 。 吾 不 知 其 名 ，

zì zhī yuē dào　qiáng wéi zhī míng yuē dà　dà yuē shì
字 之 曰 道 。 强 为 之 名 曰 大 ， 大 曰 逝 ，

shì yuē yuǎn　yuǎn yuē fǎn　gù dào dà　tiān dà　dì dà
逝 曰 远 ， 远 曰 反 。 故 道 大 ， 天 大 ， 地 大 ，

wáng yì dà　　yù zhōng yǒu sì dà
王 亦 大 ， 域 中 有 四 大 ，

ér wáng jū qí yī yān　rén fǎ dì　　dì fǎ tiān
而 王 居 其 一 焉 。 人 法 地 ， 地 法 天 ，

tiān fǎ dào　dào fǎ zì rán
天 法 道 ， 道 法 自 然 。

第二十六章

zhòng wéi qīng gēn　　jìng wéi zào jūn
重 为 轻 根 ， 静 为 躁 君 。

shì yǐ shèng rén zhōng rì xíng bù lí zī zhòng
是 以 圣 人 终 日 行 不 离 辎 重 。

suī yǒu róng guān　　yàn chǔ chāo rán
虽 有 荣 观 ， 燕 处 超 然 。

nài hé wàn shèng zhī zhǔ　ér yǐ shēn qīng tiān xià
奈 何 万 乘 之 主 ， 而 以 身 轻 天 下 ？

qīng zé shī chén　zào zé shī jūn
轻 则 失 臣 ， 躁 则 失 君 。

第二十七章

shànxíng wú zhé jì　shànyán wú xiá zhé　shàn jì
善行，无辙迹。善言，无瑕谪。善计，

bú yòngchóu cè　shàn bì　wúguānjiàn ér bù kě kāi
不用筹策。善闭，无关捷而不可开。

shàn jié　　wú shéng yuē ér bù kě jiě
善结，无绳约而不可解。

shì yǐ shèng rénchángshàn jiù rén　gù wú qì rén
是以圣人常善救人，故无弃人，

chángshàn jiù wù　gù wú qì wù　shì wèi xí míng
常善救物，故无弃物，是谓袭明。

gù shàn rén zhě　bú shàn rén zhī shī　bú shàn rén zhě
故善人者，不善人之师。不善人者，

shàn rén zhī zī　bú guì qí shī　bú ài qí zī
善人之资。不贵其师，不爱其资，

suī zhì dà mí　shì wèi yào miào
虽智大迷，是谓要妙。

第二十八章

zhī qí xióng　shǒu qí cí　wéi tiān xià xī
知其雄，守其雌，为天下溪。

wéi tiān xià xī　cháng dé bù lí　fù guī yú yīng ér
为天下溪，常德不离，复归于婴儿。

zhī qí bái　shǒu qí hēi　wéi tiān xià shì
知其白，守其黑，为天下式。

wéi tiān xià shì　cháng dé bú tè　fù guī yú wú jí
为天下式，常德不忒，复归于无极。

zhī qí róng　shǒu qí rǔ　wéi tiān xià gǔ
知其荣，守其辱，为天下谷，

wéi tiān xià gǔ　　cháng dé nǎi zú　　fù guī yú pǔ
为天下谷，　常德乃足，　复归于朴。

pǔ sàn zé wéi qì　shèng rén yòng zhī　zé wéi guān zhǎng
朴散则为器，圣人用之，则为官长。

gù　　dà zhì bù gē
故，大制不割。

第二十九章

jiāng yù qǔ tiān xià ér wéi zhī　　wú jiàn qí bù dé yǐ
将欲取天下而为之，吾见其不得已。

tiān xià shén qì　　bù kě wéi yě　　wéi zhě bài zhī
天下神器，不可为也。为者败之，

zhí zhě shī zhī　　gù wù huò xíng huò suí　huò xǔ huò chuī
执者失之。故物或行或随，或呴或吹，

huò qiáng huò léi　　huò zǎi huò huī
或强或羸，　或载或隳。

shì yǐ shèng rén qù shèn　　qù shē　qù tài
是以圣人去甚，去奢，去泰。

第三十章

yǐ dào zuǒ rén zhǔ zhě　　bù yǐ bīng qiáng tiān xià
以道佐人主者，不以兵强天下。

qí shì hǎo huán　　shī zhī suǒ chǔ　　jīng jí shēng yān
其事好还。师之所处，荆棘生焉。

dà jūn zhī hòu　　bì yǒu xiōng nián　　shàn zhě guǒ ér yǐ
大军之后，必有凶年。善者果而已，

bù gǎn yǐ qǔ qiáng　　guǒ ér wù jīn　　guǒ ér wù fá
不敢以取强。果而勿矜，果而勿伐，

guǒ ér wù jiāo　guǒ ér bù dé yǐ　guǒ ér wù qiáng
果而勿骄。果而不得已，果而勿强。

wù zhuàng zé lǎo　shì wèi bú dào　bú dào zǎo yǐ
物壮则老，是谓不道，不道早已。

第三十一章

fú jiā bīng　bù xiáng zhī qì　wù huò wù zhī
夫佳兵，不祥之器。物或恶之，

gù yǒu dào zhě bù chǔ　jūn zǐ jū zé guì zuǒ
故有道者不处。君子居则贵左，

yòng bīng zé guì yòu　bīng zhě　bù xiáng zhī qì
用兵则贵右。兵者，不祥之器，

fēi jūn zǐ zhī qì　bù dé yǐ ér yòng zhī
非君子之器，不得已而用之，

tiándàn wéi shàng　shèng ér bù měi　ér měi zhī zhě
恬淡为上。胜而不美，而美之者，

shì lè shā rén　fú lè shā rén zhě
是乐杀人。夫乐杀人者，

zé bù kě yǐ dé zhì yú tiānxià yǐ　jí shìshàngzuǒ
则不可以得志于天下矣。吉事尚左，

xiōng shì shàng yòu　piān jiāng jūn jū zuǒ
凶事尚右，偏将军居左，

shàng jiāng jūn jū yòu　yán yǐ sāng lǐ chǔ zhī
上将军居右。言以丧礼处之，

shā rén zhī zhòng　yǐ bēi āi qì zhī　zhànshèng
杀人之众，以悲哀泣之。战胜，

yǐ sāng lǐ chǔ zhī
以丧礼处之。

第三十二章

dào cháng wú míng pǔ suī xiǎo tiān xià bù gǎn chén
道，常无，名朴。虽小，天下，不敢臣。

hóu wáng ruò néng shǒu zhī wàn wù jiāng zì bīn
侯王若能守之，万物将自宾。

tiān dì xiāng hé yǐ jiàng gān lù
天地相合，以降甘露，

mín mò zhī lìng ér zì jūn shǐ zhì yǒu míng
民莫之令而自均。始制有名，

míng yì jì yǒu tiān yì jiāng zhī zhī
名亦既有，天亦将知之，

zhī zhī suǒ yǐ bú dài pì dào zhī zài tiān xià
知之所以不殆。譬，道之在天下，

yóu chuān gǔ zhī yǔ jiāng hǎi
犹川谷之与江海。

第三十三章

zhī rén zhě zhì zì zhī zhě míng shèng rén zhě yǒu lì
知人者智，自知者明。胜人者有力，

zì shèng zhě qiáng zhī zú zhě fù qiáng xíng zhě yǒu zhì
自胜者强。知足者富，强行者有志。

bù shī qí suǒ zhě jiǔ sǐ ér bù wáng zhě shòu
不失其所者久，死而不亡者寿。

第三十四章

dà dào fàn xī qí kě zuǒ yòu
大道氾兮，其可左右。

wàn wù shì zhī ér shēng ér bù cí

万 物 恃 之 而 生 而 不 辞 ，

gōng chéng bù míng yǒu　　　 ài yǎng wàn wù ér bù wéi zhǔ

功 成 不 名 有 ，爱 养 万 物 而 不 为 主。

cháng wú yù　　　 kě míng yú xiǎo

常 无 欲 ， 可 名 于 小 ；

wàn wù guī yān ér bù wéi zhǔ　　　 kě míng wéi dà

万 物 归 焉 而 不 为 主 ， 可 名 为 大。

shì yǐ shèng rén zhōng bù wéi dà　　　 gù néng chéng qí dà

是 以 圣 人 终 不 为 大 ，故 能 成 其 大。

第三十五章

zhí dà xiàng　　 tiān xià wǎng　　 wǎng ér bú hài

执 大 象 ， 天 下 往 。 往 而 不 害 ，

ān píng tài　　 lè yǔ ěr　　 guò kè zhǐ　　 dào zhī chū

安 平 太。乐 与 饵 ， 过 客 止。 道 之 出 ，

kǒu dàn hū qí wú wèi　　　 shì zhī bù zú jiàn

口 淡 乎 其 无 味 ， 视 之 不 足 见 ，

tīng zhī bù zú wén　　　 yòng zhī bù kě jì

听 之 不 足 闻。 用 之 不 可 既。

第三十六章

jiāng yù xī zhī　　　 bì gù zhāng zhī　　　 jiāng shǐ ruò zhī

将 欲 噏 之 ，必 固 张 之。 将 使 弱 之 ，

bì gù qiáng zhī　　　 jiāng yù fèi zhī　　　 bì gù xìng zhī

必 固 强 之。 将 欲 废 之 ，必 固 兴 之。

jiāng yù duó zhī　　　 bì gù yǔ zhī　　　 shì wèi wēi míng

将 欲 夺 之 ，必 固 与 之。是 谓 微 明。

róu ruò shèng gāng qiáng　　　yú bù kě tuō yú yuān
柔 弱 胜 刚 强 。 鱼 不 可 脱 于 渊 ,

guó zhī lì qì bù kě yǐ shì rén
国 之 利 器 不 可 以 示 人 。

第三十七章

dào cháng　　wú wéi ér wú bù wéi　　hóu wáng ruò néng shǒu
道 常 , 无 为 而 无 不 为 。 侯 王 若 能 守 ,

wàn wù jiāng zì huà　　　huà ér yù zuò
万 物 将 自 化 。 化 而 欲 作 ,

wú jiāng zhèn zhī yǐ wú míng zhī pǔ
吾 将 镇 之 以 无 名 之 朴 。

wú míng zhī pǔ yì jiāng bú yù　　bú yù yǐ jìng
无 名 之 朴 亦 将 不 欲 。 不 欲 以 静 ,

tiān xià jiāng zì dìng
天 下 将 自 定 。

第三十八章

shàng dé bù dé　　shì yǐ yǒu dé　　xià dé bù shī dé
上 德 不 德 , 是 以 有 德 。 下 德 不 失 德 ,

shì yǐ wú dé　　shàng dé wú wéi ér wú yǐ wéi
是 以 无 德 。 上 德 无 为 而 无 以 为 。

xià dé wéi zhī　　ér yǒu yǐ wéi　　shàng rén wéi zhī
下 德 为 之 , 而 有 以 为 。 上 仁 为 之 ,

ér wú yǐ wéi　　shàng yì wéi zhī　　ér yǒu yǐ wéi
而 无 以 为 。 上 义 为 之 , 而 有 以 为 。

shàng lǐ wéi zhī　　　ér mò zhī yìng
上 礼 为 之 , 而 莫 之 应 ,

zé rǎng bì ér réng zhī　　gù　shī dào ér hòu dé
则攘臂而仍之。故，失道而后德，

shī dé ér hòu rén　　shī rén ér hòu yì
失德而后仁，失仁而后义，

shī yì ér hòu lǐ　　fū lǐ zhě　zhōng xìn zhī báo
失义而后礼。夫礼者，忠信之薄，

ér luàn zhī shǒu　qián shí zhě　dào zhī huá
而乱之首。前识者，道之华，

ér yú zhī shǐ　shì yǐ dà zhàng fu　chù qí hòu
而愚之始。是以大丈夫，处其厚，

bú jū qí báo　chù qí shí　bú jū qí huá
不居其薄。处其实，不居其华。

gù qù bǐ qǔ cǐ
故去彼取此。

第三十九章

xī zhī dé yī zhě　tiān dé yī yǐ qīng
昔之得一者。天得一以清。

dì dé yī yǐ níng　shén dé yī yǐ líng
地得一以宁。神得一以灵。

gǔ dé yī yǐ yíng　wàn wù dé yī yǐ shēng
谷得一以盈。万物得一以生。

hóu wáng dé yī yī tiān xià wéi zhèng　qí zhì zhī
侯王得一以天下为正。其致之:

tiān wú yī qīng jiāng kǒng liè
天无以清将恐裂。

dì wú yī níng jiāng kǒng fā
地无以宁将恐发。

shén wú yī líng jiāng kǒng xiē
神无以灵将恐歇。

gǔ wú yǐ yíng jiāng kǒng jié
谷无以盈将恐竭。

wàn wù wú yǐ shēng jiāng kǒng miè
万物无以生将恐灭。

hóu wáng wú yǐ guì gāo jiāng kǒng jué gù
侯王无以贵高将恐蹶。故，

guì yǐ jiàn wéi běn gāo bì yǐ xià wéi jī
贵以贱为本，高必以下为基。

shì yǐ hóu wáng zì wèi gū guǎ bù gū
是以侯王自谓孤寡，不穀。

cǐ fēi yǐ jiàn wéi běn yē fēi hū
此非以贱为本耶，非乎！

gù zhì shù chē wú chē bú yù lù lù rú yù
故致数车无车。不欲琭琭如玉，

luò luò rú shí
落落如石。

第四十章

fǎn zhě dào zhī dòng ruò zhě dào zhī yòng
反者，道之动，弱者，道之用。

tiān xià wàn wù shēng yú yǒu yǒu shēng yú wú
天下万物生于有，有生于无。

第四十一章

shàng shì wén dào qín ér xíng zhī zhōng shì wén dào
上士闻道，勤而行之。中士闻道，

ruò cún ruò wáng xià shì wén dào dà xiào zhī bú xiào
若存若亡。下士闻道，大笑之。不笑，

bù zú yǐ wéi dào　　gù jiàn yán yǒu zhī　　míng dào ruò mèi
不足以为道。故建言有之：明道若昧。

jìn dào ruò tuì　　yí dào ruò lèi　　shàng dé ruò gǔ
进道若退。夷道若类。上德若谷，

dà bái ruò rǔ　　guǎng dé ruò bù zú　　jiàn dé ruò tōu
大白若辱。广德若不足。建德若偷。

zhì zhēn ruò yú　　dà fāng wú yú　　dà qì wǎn chéng
质真若渝。大方无隅，大器晚成，

dà yīn xī shēng　　dà xiàng wú xíng　　dào yǐn wú míng
大音希声，大象无形，道隐无名。

fū wéi dào shàn dài qiě chéng
夫唯道善贷且成。

第四十二章

dào shēng yī　　yì shēng èr　　èr shēng sān
道生一，一生二，二生三，

sān shēng wàn wù　　wàn wù fù yīn ér bào yáng
三生万物。万物负阴而抱阳，

chōng qì yǐ wéi hé　　rén zhī suǒ wù　　wéi gū guǎ
冲气以为和。人之所恶，唯孤寡，

bù gǔ　　ér wáng gōng yǐ wéi chēng
不毂，而王公以为称。

gù wù huò sǔn zhī ér yì　　huò yì zhī ér sǔn
故物或损之而益，或益之而损。

rén zhī suǒ jiào　　wǒ yì jiào zhī　　qiáng liáng zhě
人之所教，我亦教之。强梁者，

bù dé qí sǐ　　wú jiāng yǐ wéi jiào fù
不得其死，吾将以为教父。

第四十三章

tiān xià zhī zhì róu　　chí chěng tiān xià zhī zhì jiān
天 下 之 至 柔 ， 驰 骋 天 下 之 至 坚 。

wú yǒu rù wú jiàn　　wú shì yǐ zhī　　wú wéi zhī yǒu yì
无 有 入 无 间 。吾 是 以 知 ，无 为 之 有 益 。

bù yán zhī jiào　　wú wéi zhī yì　　tiān xià xī jí zhī
不 言 之 教 。无 为 之 益 ， 天 下 希 及 之 。

第四十四章

míng yǔ shēn shú qīn　　shēn yǔ huò shú duō
名 与 身 孰 亲 ， 身 与 货 孰 多 ，

dé yǔ wáng shú bìng　　shèn ài bì dà fèi
得 与 亡 孰 病 。 甚 爱 必 大 费 ，

duō cáng bì hòu wáng　　zhī zú bù rǔ　　zhī zhǐ bú dài
多 藏 必 厚 亡 。知 足 不 辱 ，知 止 不 殆 ，

kě yǐ cháng jiǔ
可 以 长 久 。

第四十五章

dà chéng ruò quē　　qí yòng bú bì　　dà yíng ruò chōng
大 成 若 缺 ，其 用 不 弊 。大 盈 若 冲 ，

qí yòng bù qióng　　dà zhí ruò qū　　dà qiǎo ruò zhuō
其 用 不 穷 。大 直 若 屈 。大 巧 若 拙 。

dà biàn ruò nè　　zào shèng hán　　jìng shèng rè
大 辩 若 讷 。躁 胜 寒 ， 静 胜 热 ，

qīng jìng wéi tiān xià zhèng
清 静 为 天 下 正 。

第四十六章

tiān xià yǒu dào　　què zǒu mǎ yǐ fèn　　tiān xià wú dào
天下有道，却走马以粪。天下无道，

róng mǎ shēng yú jiāo　　zuì mò dà yú kě yù
戎马生于郊。罪莫大于可欲，

huò mò dà yú bù zhī zú　　jiù mò dà yú yù dé
祸莫大于不知足，咎莫大于欲得。

gù zhī zú zhī zú　　cháng zú
故知足之足。常足。

第四十七章

bù chū hù　　zhī tiān xià　　bù kuī yǒu　　jiàn tiān dào
不出户，知天下，不窥牖，见天道。

qí chū mí yuǎn　　qí zhī mí shǎo　　shì yǐ shèng rén
其出弥远，其知弥少。是以圣人，

bù xíng ér zhī　　bú jiàn ér míng　　wú wèi ér chéng
不行而知。不见而名，无为而成。

第四十八章

wéi xué rì yì　　wéi dào rì sǔn　　sǔn zhī yòu sǔn
为学日益，为道日损。损之又损，

yǐ zhì yú wú wéi　　wú wéi ér wú bù wéi
以至于无为。无为而无不为。

qǔ tiān xià cháng yǐ wú shì　　jí qí yǒu shì
取天下常以无事，及其有事，

bù zú yǐ qǔ tiān xià
不足以取天下。

第四十九章

shèng rén wú cháng xīn　　　yǐ bǎi xìng xīn wéi xīn
圣 人 无 常 心。以 百 姓 心 为 心。

shàn zhě wú shàn zhī　　bú shàn zhě wú yì shàn zhī
善 者 吾 善 之，不 善 者 吾 亦 善 之。

dé shàn　　xìn zhě wú xìn zhī　bú xìn zhě wú yì xìn zhī
德 善。信 者 吾 信 之，不 信 者 吾 亦 信 之。

dé xìn　　　shèng rén zài tiān xià chù chù
德 信。 圣 人 在 天 下 怵 怵。

wéi tiān xià hún qí xīn　　bǎi xìng jiē zhù qí ěr mù
为 天 下 浑 其 心。百 姓 皆 注 其 耳 目，

shèng rén jiē hái zhī
圣 人 皆 孩 之。

第五十章

chū shēng rù sǐ　　shēng zhī tú shí yǒu sān
出 生 入 死。 生 之 徒 十 有 三，

sǐ zhī tú shí yǒu sān　　rén zhī shēng
死 之 徒 十 有 三，人 之 生 ，

dòng zhī sǐ dì shí yǒu sān　　fū hé gù
动 之 死 地 十 有 三，夫 何 故，

yǐ qí shēng shēng zhī hòu　gài wén shàn shè shēng zhě
以 其 生 生 之 厚。盖 闻 善 摄 生 者。

lù xíng bú yù sì hǔ　　rù jūn bù bì jiǎ bīng
陆 行 不 遇 兕 虎。入 军 不 避 甲 兵；

sì wú tóu qí jiǎo　　hǔ wú suǒ cuò zhǎo
兕 无 投 其 角 ，虎 无 所 措 爪 ，

bīng wú suǒ róng qí rèn　fū hé gù　　yǐ qí wú sǐ dì
兵 无 所 容 其 刃。夫 何 故？以 其 无 死 地。

第五十一章

dào shēng zhī　dé xù zhī　wù xíng zhī　shì chéng zhī
道 生 之，德 畜 之，物 形 之，势 成 之。
shì yǐ wàn wù mò bú zūn dào ér guì dé　dào zhī zūn
是 以 万 物 莫 不 尊 道 而 贵 德。道 之 尊，
dé zhī guì　fū mò zhī mìng　ér cháng zì rán　gù
德 之 贵，夫 莫 之 命，而 常 自 然。故，
dào shēng zhī　dé xù zhī　zhǎng zhī　yù zhī　chéng zhī
道 生 之，德 畜 之，长 之，育 之，成 之，
shú zhī　yǎng zhī　fù zhī　shēng ér bù yǒu
孰 之，养 之，覆 之，生 而 不 有，
wéi ér bú shì　zhǎng ér bù zǎi　shì wèi xuán dé
为 而 不 恃，长 而 不 宰，是 谓 玄 德。

第五十二章

tiān xià yǒu shǐ　yǐ wéi tiān xià mǔ　jì zhī qí mǔ
天 下 有 始，以 为 天 下 母。既 知 其 母，
fù zhī qí zǐ　jì zhī qí zǐ　fù shǒu qí mǔ
复 知 其 子。既 知 其 子，复 守 其 母。
mò shēn bú dài　sāi qí duì　bì qí mén
没 身 不 殆。塞 其 兑，闭 其 门。
zhōng shēn bù qín　kāi qí duì　jì qí shì
终 身 不 勤。开 其 兑，济 其 事，
zhōng shēn bú jiù　jiàn xiǎo yuē míng　shǒu róu rì qiáng
终 身 不 救。见 小 曰 明。守 柔 曰 强。
yòng qí guāng　fù guī qí míng　wú yí shēn yāng
用 其 光，复 归 其 明，无 遗 身 殃。
shì wèi xí cháng
是 谓 习 常。

第五十三章

shǐ wǒ jiè rán yǒu zhī　xíng yú dà dào　wéi shī shì wèi
使我介然有知，行于大道。唯施是畏。

dà dào shèn yí　ér mín hào jìng　cháo shèn chú
大道甚夷，而民好径。 朝 甚 除，

tián shèn wú　cāng shèn xū　fú wén cǎi　dài lì jiàn
田甚芜，仓甚虚，服文采，带利剑，

yàn yīn shí　cái huò yǒu yú　shì wéi dào kuā　fēi dào zāi
厌饮食，财货有余，是为盗夸。非道哉。

第五十四章

shàn jiàn zhě bù bá　shàn bào zhě bù tuō
善 建 者 不 拔， 善 抱 者 不 脱。

zī sūn jì sì bú chuò　xiū zhī yú shēn
子孙祭祀不辍。 修 之 于 身，

qí dé nǎi zhēn　xiū zhī yú jiā　qí dé yǒu yú
其德乃真。修之于家，其德有余。

xiū zhī yú xiāng　qí dé nǎi cháng　xiū zhī yú guó
修之于乡，其德乃长。修之于国，

qí dé nǎi fēng　xiū zhī yú tiān xià　qí dé nǎi pǔ
其德乃丰。修之于天下，其德乃普。

gù yǐ shēn guān shēn　yǐ jiā guān jiā
故 以 身 观 身， 以 家 观 家，

yǐ xiāng guān xiāng　yǐ guó guān guó
以 乡 观 乡， 以 国 观 国，

yǐ tiān xià guān tiān xià
以 天 下 观 天 下 。

hé yǐ zhī tiān xià zhī rán zāi　yǐ cǐ
何以知天下之然哉？以此。

第五十五章

hán dé zhī hòu　　bǐ yú chì zī　　dú chóng bú shì
含德之厚，比于赤子。毒虫不螫，

měng shòu bú jù　　jué niǎo bù bó
猛兽不据，攫鸟不搏。

gǔ ruò jīn róu ér wò gù
骨弱筋柔而握固。

wèi zhī pìn mǔ zhī hé ér zuī zuò　　jīng zhī zhì yě
未知牝牡之合而峻作，精之至也。

zhōng rì háo ér bù yǎ　　hé zhī zhì yě
终日号而不哑，和之至也。

zhī hé yuē cháng　　zhī cháng yuē míng　　yì shēng rì xiáng
知和曰常，知常曰明。益生日祥。

xīn shǐ qì rì qiáng　　wù zhuàng jiāng lǎo　　wèi zhī bú dào
心使气日强。物壮将老，谓之不道，

bú dào zǎo yǐ
不道早已。

第五十六章

zhī zhě bù yán　　yán zhě bù zhī　　sāi qí duì　　bì qí mén
知者不言。言者不知。塞其兑，闭其门，

cuò qí ruì　　jiě qí fēn　　hé qí guāng　　tóng qí chén
挫其锐，解其纷。和其光。同其尘。

shì wèi xuán tóng　　gù bù kě dé ér qīn
是谓玄同。故不可得而亲，

yì bù kě dé ér shū　　bù kě dé ér lì
亦不可得而疎；不可得而利，

yì bù kě dé ér hài　　bù kě dé ér guì
亦不可得而害；不可得而贵，

yì bù kě dé ér jiàn　　gù wéi tiān xià guì
亦不可得而贱，故为天下贵。

第五十七章

yǐ zhèng zhì guó　　yǐ qí yòng bīng
以 正 治 国 ， 以 奇 用 兵 ，

yǐ wú shì qǔ tiān xià　　wú hé yǐ zhī qí rán zāi
以 无 事 取 天 下 。 吾 何 以 知 其 然 哉 ？

yǐ cǐ　　tiān xià duō jì huì　　ér mín mí pín
以 此 ： 天 下 多 忌 讳 ， 而 民 弥 贫 ；

mín duō lì qì　　guó jiā zī hūn　　rén duō jì qiǎo
民 多 利 器 ， 国 家 滋 昏 ； 人 多 伎 巧 ，

qí wù zī qǐ　　fǎ wù zī zhāng　　dào zéi duō yǒu
奇 物 滋 起 ； 法 物 滋 彰 ， 盗 贼 多 有 。

gù shèng rén yún　　wǒ wú wéi　　ér mín zì huà
故 圣 人 云 ： 我 无 为 ， 而 民 自 化 ；

wǒ hào jìng　　ér mín zì zhèng　　wǒ wú shì
我 好 静 ， 而 民 自 正 ； 我 无 事 ，

ér mín zì fù　　wǒ wú yù　　ér mín zì pǔ
而 民 自 富 ； 我 无 欲 ， 而 民 自 朴 。

第五十八章

qí zhèng mèn mèn　　qí mín chún chún　　qí zhèng chá chá
其 政 闷 闷 ，其 民 醇 醇 ；其 政 察 察 ，

qí mín quē quē　　huò xī　　fú zhī suǒ yǐ　　fú xī
其 民 缺 缺 。 祸 兮 ， 福 之 所 倚 ； 福 兮 ，

huò zhī suǒ fú　　shú zhī qí jí　　qí wú zhèng
祸 之 所 伏 。 孰 知 其 极 ？ 其 无 正 。

zhèng fù wéi qí　　shàn fù wéi yāo　　rén zhī mí
正 复 为 奇， 善 复 为 訞， 人 之 迷，

qí rì gù jiǔ　　shì yǐ shèng rén fāng ér bù gē
其 日 固 久。 是 以 圣 人 方 而 不 割，

lián ér bú hài　　zhí ér bú sì　　guāng ér bú yào
廉 而 不 害， 直 而 不 肆， 光 而 不 曜。

第五十九章

zhì rén shì tiān　　mò ruò sè　　fū wéi sè　　shì wèi zǎo fú
治 人 事 天，莫 若 啬；夫 唯 啬，是 谓 早 服；

zǎo fú wèi zhī zhòng jī dé　　zhòng jī dé zé wú bú kè
早 服 谓 之 重 积 德； 重 积 德 则 无 不 克；

wú bú kè zé mò zhī qí jí　　mò zhī qí jí
无 不 克 则 莫 知 其 极； 莫 知 其 极，

kě yǐ yǒu guó　　yǒu guó zhī mǔ　　kě yǐ cháng jiǔ
可 以 有 国。 有 国 之 母， 可 以 长 久。

shì wèi shēn gēn gù dì　　cháng shēng jiǔ shì zhī dào
是 谓 深 根 固 蒂， 长 生 久 视 之 道。

第六十章

zhì dà guó ruò pēng xiǎo xiān　　yǐ dào lì tiān xià
治 大 国 若 烹 小 鲜。 以 道 莅 天 下，

qí guī bù shén　　fēi qí guī bù shén
其 鬼 不 神。 非 其 鬼 不 神，

qí shén bù shāng rén　　fēi qí shén bù shāng rén
其 神 不 伤 人。 非 其 神 不 伤 人。

shèng rén yì bù shāng　　fū liǎng bù xiāng shāng
圣 人 亦 不 伤。 夫 两 不 相 伤，

gù dé jiāo guī yān
故德交归焉。

第六十一章

dà guó zhě xià liú tiān xià zhī jiāo tiān xià zhī pìn
大国者，下流。天下之交，天下之牝。

pìn cháng yǐ jìng shèng mǔ yǐ jìng wéi xià
牝常以静胜牡，以静为下。

gù dà guó yǐ xià xiǎo guó zé qǔ xiǎo guó
故大国以下小国，则取小国。

xiǎo guó yǐ xià dà guó zé qǔ dà guó
小国以下大国，则取大国。

gù huò xià yǐ qǔ huò xià ér qǔ
故或下以取，或下而取。

dà guó bú guò yù jiān xù rén
大国不过欲兼畜人，

xiǎo guó bú guò yù rù shì rén
小国不过欲入事人。

fū liǎng zhě gè dé qí suǒ yù dà zhě yí wéi xià
夫两者各得其所欲，大者宜为下。

第六十二章

dào zhě wàn wù zhī ào shàn rén zhī bǎo
道者万物之奥。善人之宝。

bú shàn rén zhī suǒ bǎo měi yán kě yǐ shì
不善人之所保。美言可以市，

zūn xíng kě yǐ jiā rén rén zhī bú shàn hé qì zhī yǒu
尊行可以加人。人之不善，何弃之有。

故立天子，置三公，虽有拱璧，

以先驷马，不如坐进此道。

古之所以贵此道者，何不日以求得？

有罪以免耶？故为天下贵。

第六十三章

为无为，事无事，味无味。大小多少。

报怨以德。图难于其易，为大于其细。

天下难事必作于易，

天下大事必作于细。

是以圣人终不为大，故能成其大。

夫轻诺必寡信，多易必多难。

是以圣人犹难之，故终无难。

第六十四章

其安易持。其未兆易谋，其脆易破，

qí wēi yì sàn　wéi zhī yú wèi yǒu　zhì zhī yú wèi luàn
其微易散。为之于未有，治之于未乱。

hé bào zhī mù shēng yú háo mò
合抱之木生于毫末，

jiǔ céng zhī tái qǐ yú lèi tǔ
九层之台起于累土，

qiān lǐ zhī xíng shǐ yú zú xià　wéi zhě bài zhī
千里之行始于足下。为者败之，

zhí zhě shī zhī　shèng rén wú wéi gù wú bài
执者失之。圣人无为故无败，

wú zhí gù wú shī　mín zhī cóng shì
无执故无失。民之从事，

cháng yú jī chéng ér bài zhī　shèn zhōng rú shǐ
常于几成而败之。慎终如始，

zé wú bài shì　shì yǐ shèng rén yù bú yù
则无败事。是以圣人欲不欲，

bú guì nán dé zhī huò　xué bù xué
不贵难得之货；学不学，

fù zhòng rén zhī suǒ guò　yǐ fǔ wàn wù zhī zì rán
复众人之所过；以辅万物之自然。

ér bù gǎn wéi
而不敢为。

第六十五章

gǔ zhī shàn wéi dào zhě　fēi yǐ míng mín
古之善为道者，非以明民，

jiāng yǐ yú zhī　mín zhī nán zhì　yǐ qí zhì duō
将以愚之。民之难治，以其智多。

yǐ zhì zhì guó　guó zhī zéi　bù yǐ zhì zhì guó
以智治国，国之贼。不以智治国，

guó zhī fú　zhī cǐ liǎng zhě yì kǎi shì　cháng zhī kǎi shì
国之福。知此 两者亦楷式。常 知楷式，

shì wèi xuán dé　xuán dé shēn yǐ　yuǎn yǐ
是 谓玄德。 玄德深矣，远矣。

yǔ wù fǎn yǐ　nǎi zhì yú dà shùn
与物反矣！乃至于大顺。

第六十六章

jiāng hǎi suǒ yǐ néng wéi bǎi gǔ wáng zhě
江海所以 能 为 百 谷 王 者，

yǐ qí shàn xià zhī　gù néng wéi bǎi gǔ wáng
以其善下之，故 能为百谷王。

shì yǐ shèng rén yù shàng mín　bì yǐ yán xià zhī
是以圣人欲 上民，必以言下之；

yù xiān mín　bì yǐ shēn hòu zhī
欲 先 民， 必 以 身 后 之 。

shì yǐ shèng rén chù shàng ér mín bù zhòng
是以圣人处上而民不重。

chù qián ér mín bù hài　shì yǐ tiān xià lè tuī ér bú yàn
处前而民不害。是以天下乐推而不厌，

yǐ qí bù zhēng　gù tiān xià mò néng yǔ zhī zhēng
以其不争，故天下莫能与之争。

第六十七章

tiān xià jiē wèi wǒ dà　sì bú xiào　fū wéi dà
天下皆谓我大，似不肖。夫唯大，

gù sì bú xiào　ruò xiào　jiǔ yǐ qí xì
故似不肖。若肖，久矣其细。

夫我有三宝，持而宝之。一曰慈，
二曰俭，三曰不敢为天下先。
慈故能勇。俭故能广，
不敢为天下先，故能成器长。
今舍慈且勇，舍俭且广，舍后且先，
死矣！夫慈以战则胜，以守则固。
天将救之，以慈卫之。

第六十八章

善为士者不武，善战者不怒，
善胜战者不与，善用人者为下。
是谓不争之德，是谓用人之力，
是谓配天。古之极。

第六十九章

用兵有言：吾不敢为主而为客，

bù gǎn jìn cùn ér tuì chǐ　　shì wèi xíng wú xíng
不 敢 进 寸 而 退 尺 。 是 谓 行 无 行 ，

rǎng wú bì　　réng wú dí　　zhí wú bīng
攘 无 臂 ， 仍 无 敌 ， 执 无 兵 。

huò mò dà yú qīng dí　　qīng dí　　jǐ sàng wú bǎo
祸 莫 大 于 轻 敌 。 轻 敌 ， 几 丧 吾 宝 。

gù kàng bīng xiāng jiā　　āi zhě shèng yǐ
故 抗 兵 相 加 ， 哀 者 胜 矣 。

第七十章

wú yán shèn yì zhī　　shèn yì xíng
吾 言 甚 易 知 ， 甚 易 行 。

tiān xià mò néng zhī mò néng xíng　　yán yǒu zōng
天 下 莫 能 知 莫 能 行 。 言 有 宗 ，

shì yǒu jūn　　fū wéi wú zhī　　shì yǐ bù wǒ zhī
事 有 君 。 夫 唯 无 知 ， 是 以 不 我 知 。

zhī wǒ zhě xī　　zé wǒ zhě guì　　shì yǐ shèng rén pī
知 我 者 希 ， 则 我 者 贵 。 是 以 圣 人 被 披

hè huái yù
褐 怀 玉 。

第七十一章

zhī　　bù zhī　　shàng　　bù zhī　　zhī　　bìng
知 ， 不 知 ， 上 。 不 知 ， 知 ， 病 。

fū wéi bìng bìng shì yǐ bú bìng　　shèng rén bú bìng
夫 唯 病 病 是 以 不 病 。 圣 人 不 病 ，

yǐ qí bìng bìng　　shì yǐ bú bìng
以 其 病 病 ， 是 以 不 病 。

第七十二章

mín bú wèi wēi　　dà wēi zhì yǐ　　wú xiá qí suǒ jū
民不畏威，大威至矣。无狭其所居，

wú yàn qí suǒ shēng　　fū wéi bú yàn　　shì yǐ bú yàn
无厌其所生。夫唯不厌，是以不厌。

shì　yǐ　shèng rén　zì　zhī　bú　zì　xiàn
是以圣人自知不自见现；

zì　ài bú zì guì　　gù qù bǐ qǔ cǐ
自爱不自贵。故去彼取此。

第七十三章

yǒng yú gǎn zé shā　yǒng yú bù gǎn zé huó　cǐ liǎng zhě
勇于敢则杀。勇于不敢则活。此两者，

huò lì huò hài　　tiān zhī suǒ wù　　shú zhī qí gù
或利或害。天之所恶，孰知其故。

shì yǐ shèng rén yóu nán zhī　　tiān zhī dào
是以圣人犹难之。天之道，

bù zhēng ér shàn shèng　　bù yán ér shàn yìng
不争而善胜，不言而善应，

bú zhào ér zì lái　　chán rán ér shàn móu
不召而自来。繟然而善谋。

tiān wǎng huī huī　　shū ér bù shī
天网恢恢，疎而不失。

第七十四章

mín bú wèi sǐ　　nài hé yǐ sǐ jù zhī
民不畏死，奈何以死惧之。

若使民常畏死。而为奇者，
吾得执而杀之。孰敢？常有司杀者。
夫代司杀者，是谓代大匠斫。
夫代大匠斫者，希有不伤手矣。

第七十五章

民之饥，以其上食税之多，是以饥。
民之难治，以其上有为，是以难治。
民之轻死，以其求生之厚，
是以轻死。夫唯无以生为者，
是贤于贵生。

第七十六章

人之生也柔弱，其死也坚强。
万物草木之生也柔脆，其死也枯槁。
故坚强者死之徒，柔弱者生之徒。

shì yǐ bīng qiáng zé bú shèng　　mù qiáng zé gòng
是 以 兵 强 则 不 胜 ， 木 强 则 共 。

qiáng dà chǔ xià　　róu ruò chǔ shàng
强 大 处 下 ， 柔 弱 处 上 。

第七十七章

tiān zhī dào　　qí yóu zhāng gōng hū　　gāo zhě yì zhī
天 之 道 ， 其 犹 张 弓 乎 ！ 高 者 抑 之 ，

xià zhě jǔ zhī　　yǒu yú zhě sǔn zhī　　bù zú zhě yǔ zhī
下 者 举 之 ， 有 余 者 损 之 ， 不 足 者 与 之 。

tiān zhī dào sǔn yǒu yú ér bǔ bù zú
天 之 道 损 有 余 而 补 不 足 。

rén zhī dào zé bù rán　　sǔn bù zú yǐ fèng yǒu yú
人 之 道 则 不 然 ， 损 不 足 以 奉 有 余 。

shú néng yǒu yú yǐ fèng tiān xià　　wéi yǒu dào zhě
孰 能 有 余 以 奉 天 下 ？ 唯 有 道 者 。

shì yǐ shèng rén wéi ér bú shì　　gōng chéng ér bú chǔ
是 以 圣 人 为 而 不 恃 ， 功 成 而 不 处 ，

qí bú yù xiàn xián
其 不 欲 见 贤 。

第七十八章

tiān xià róu ruò mò guò yú shuǐ
天 下 柔 弱 莫 过 于 水 ，

ér gōng jiān qiáng zhě mò zhī néng shèng
而 攻 坚 强 者 莫 知 能 胜 ，

qí wú yǐ yì zhī　　ruò zhī shèng qiáng　　róu zhī shèng gāng
其 无 以 易 之 。 弱 之 胜 强 ， 柔 之 胜 刚 ，

天下莫不知，莫能行。故圣人云：

受国之垢，是谓社稷主；

受国之不祥，是谓天下王，

正言若反。

第七十九章

和大怨，必有余怨，安可以为善？

是以圣人执左契而不责于人。

有德司契，无德司彻。天道无亲，

常与善人。

第八十章

小国寡民，使有什伯人之器而不用，

使民重死而不远徙。虽有舟舆，

无所乘之，虽有甲兵，无所陈之。

使民复结绳而用之。甘其食，美其服，

ān qí jū　lè qí sú　lín guó xiāng wàng
安其居，乐其俗，邻国相望，

jī gǒu zhī shēng xiāng wén
鸡狗之声相闻，

mín zhì lǎo sǐ bù xiāng wǎng lái
民至老死不相往来。

第八十一章

xìn yán bù měi　měi yán bú xìn　shàn zhě bú biàn
信言不美。美言不信。善者不辩，

biàn zhě bú shàn　zhī zhě bù bó　bó zhě bù zhī
辩者不善。知者不博，博者不知。

shèng rén bù jī　jì yǐ wéi rén jǐ yù yǒu
圣人不积。既以为人己愈有。

jì yǐ yǔ rén jǐ yù duō　tiān zhī dào　lì ér bú hài
既以与人己愈多。天之道，利而不害。

shèng rén zhī dào　wéi ér bù zhēng
圣人之道，为而不争。

后 记

一、缘 起

2013 年 5 月，机缘巧合，与国内著名传统文化学者、中共中央党校资深教授任登第先生在一起工作。在实际的工作中，我深深地被任老深厚的中华优秀传统文化学识和知行合一的精神所折服。

记得当时任老已经是 85 岁高龄，但是为了传播中华优秀传统文化，他仍与夫人奔波在全国各地进行义务讲座。有时，一天到二、三个城市，他就像一个三十多的年青人一样精力旺盛。

任老所著的《大家都学弟子规》《中国道路中国梦》等专著深受广大人民群众欢迎。

任登第教授在弘扬中华优秀传统文化队伍中具有极重要的地位及广泛的影响力。

我与任老相识约半年后，成为极为投机的忘年交，凡遇到中华传统文化许多不解的问题，我随时到他家中请教，有时一谈就是三、四个小时。

2014 年初，任老打电话，让我去他家，说有事商量，我约下午三点到了他家，他手上拿了本《道德经》注释本，是有位作者请任老给写个序。任老郑重其事地跟我说："根发，近几年我看了不少从古到今的《道德经》注释本。大家注释得都很好，但有一个共同点，就是目前所有的注释本，普通老百姓都看不懂。我研究中华传统文化几十年，我个人认为中华优秀传统文化的源就是《道德经》，《道德经》是中华文化的根。文化，本来是为人民大众服务的。如果文化让人民大众看不懂，那这种文化有什么意义呢？今天，约你来，我有一个想法，我希望你牵头，组织对《道德经》有研究的群体，对《道德经》进行研究，并在日常生活工作践行《道德经》，然后，用通俗易懂的文字，站在人民群众的角度，将《道德经》的道理说明白，让人人都看得懂，人人都做得到。这应该是老子当初写《道德经》的本意，老子在第七十章不是说："吾言甚易知，甚易行"吗？

听了任老的这番话，我有些兴奋，充满了喜悦，这也是我二十多年的愿望。但，对于我个人来说，这太难了，只是个想法而已。

我欣然答应了任老的嘱托，决定组织广大《道德经》的爱好者，形成团队，共同完成这件具有重大意义的事。

二、　溯　源

其实，我天生对道家文化相当爱好，高中时就喜欢看老子的文章，只是似懂非懂，当时对老子"无为"的理解曾闹出笑话，认为"无为"就是"不要有什么作为"。所以整天不想干活，天天泡在书本中，直到有一天，上菜市场买菜发现口袋里已经没有钱了。当天晚上回家，我陷入深度的沉思，如果我们不去做具体的事，哪来的财富，我们怎么生存？难道老子"无为"讲错了吗？老子那么伟大的人怎么会说错话呢？

我又反复读诵《道德经》"无，名天地之始"，原来，这个"无"字，是老子借来的一个符号，"无"，是天地没有开始的状态。"无"即大道本体。"无"是宇宙的总规律。"无为"的意思是：一、我们的行为必须符合自然规律。二、作为人，我们必须要行动，要勤奋。我有些哑然，笑自己以前自作聪明错解圣人经意。于是，我毅然走出书室，投入到社会实践中去。以道德作为根本，不怕苦，不怕累，勤奋拼搏。几年后，便取得令人满意的并超越我想象的成就。

1996 年，我来京已经 7 年了，创业也算成功，基本的物质条件已经具备了。我又想起了道家文化，想起老子。随着社会接触面的不断扩大，我又认识一批对道家文化爱好的人士。我们组织一个小团队，搜集从古到今对《道德经》的注释，进行比较研究，并在日常工作中进行实践。经过一段时间的学习与探索，说真话，越学越糊涂，因为，许多注解都不一样，有些又相互矛盾。比如，《道德经》的开篇"道，可道，非常道"一句，所有译注者解释大多是"道的现象是可以观察认识的，但，它不是那个大道啊"，这一解我就晕了，"不是那个大道，那是什么呢？"读遍全文，也没有搞明白是个什么？又如"此二者同谓之玄，玄之又玄"一句，大多注解为"这两者都很玄奥，玄奥中更加玄奥"。这就让我更加晕中加晕了，那玄奥更玄奥是什么呢？让我百思不得其解，越看越迷茫。

我们几个做了一个决定，暂时放下所有的注释本，就读诵《道德经》原文，相信古人说的"书读百遍，其义自见"。从此，我们就开始每天把读诵《道德经》当做功课来做。

三、机缘巧合

汪致正，是我的本家宗亲，他是国际知名的多学科独立研究学者，曾注《易学津梁》等诸多著作。在国际学术具有广泛影响。致正大哥是我尊敬与崇拜的偶像。

我们经常在一起聊天，他知道我喜欢道家文化，喜爱读《道德经》，2012年4月的某天，致正大哥约我到他家聊天，他说：《道德经》这部书，在国外有相当影响力，出版的数量仅次于《圣经》。在德国，几乎两个家庭就有一部德文版《道德经》。但是，他在与国际友人交往中，大家都觉得中国的《道德经》许多地方看不懂，我认为这么一部老祖宗传下的宝贝经典非常可惜！我想花时间仔细认真的研究，从哲学的层面重新注解，起码让国外爱好者及国内爱好者能看得懂。这样，才能对得起老子。

我默默的听着，致正大哥问我的建议，我根据我当年的经验回答："我认为这件事难度太大，几乎不可能完成。"

2017 年 5 月某天，我们本家在北京凤乐团聚会，看见致正大哥瘦了好多，但精神面貌非常好，身体处处透着灵气。

吃完饭，他从提包中拿出一本书送给我，我一看《汪注老子》是人民出版社出版的。我为之一惊，时隔五年，致正大哥竟然将这项伟大的工程完成了。

致正大哥说，这五年来，他什么事也没有干，每天从凌晨四点到晚上十点，就一头钻进对《道德经》的注解中。通读了八十多种从古到今的名家注释，拜访了多位著名研究《道德经》的知名学者，逐字逐句的追本求源。从现代一直追到老子时代的语境，终于突破许多瓶颈，总算完成多年的愿望。

他说："根发，你研究《道德经》二十多年，对《道德经》肯定有不少心得，你抽时间仔细看看我的注解，大约两个月后，人民出版社要搞一个《汪注老子》新书发布会，你给写个书评，到时邀请你去参加。"

我说："我没有那个资格。"
致正大哥鼓励我说："你行，你就写一篇书评吧！"
我说："好吧！我试试。"

准确地说，这个任务对于我来说，太重了！但，同时，我又很高兴，我想借此机会，再好好学习《道德经》，也许，有什么新的突破。

　　于是，我推掉了所有的事务，关掉了手机，一个人静静的在家呆了十几天，仔细认真逐字逐句研读致正大哥的《汪注老子》。

　　说真话，真的让我非常吃惊！没有想到的是，致正大哥花了这么大的心血，将《道德经》注解得让我不可思议，每个字、每句话都追本求源。原先我几十年看不懂的字，理解不了的句子，在《汪注老子》中都一目了然，让我顿时豁然开朗，并有了许多新的感悟。十五天过后，我觉得，我终于读懂了《道德经》。

　　我由衷地感恩致正大哥的付出，我写了一篇长长书评，我认为，《汪注老子》是划时代的注解，它让人们找到打开《道德经》宝库的钥匙。

　　在《汪注老子》的新书发布会上，我又有机会接触到北大、清华、中国社科院、人民出版社等多方面的知名研究《道德经》的学者。我与他们中的一部分人成为朋友，凡遇到《道德经》的疑难问题，时常向他们请教，与他们探讨，这对我日后对《道德经》的学习与提升，有着非常大的帮助。感恩这些学者无私的奉献。

四、严师的教诲

2007年11月10日，我认识了汪承兴先生，那天我们在北京的中雅大厦成立了北京汪氏宗亲联谊会，承兴先生任会长，我任副会长。

从此，我便跟随汪承兴先生后面学习中华姓氏文化。承兴先生幼承家教，传统文化功底深厚，又到北京大学、清华大学深造，且身居军队高层要职。所以他治学严谨，一丝不苟，近十年间先后出版了《汪华纪念文集》，《大唐越国公汪华颂歌》，《大唐越国公汪华文献》，《元圣周公传》，《解读周公》，《周公与中国国学》等名著。他在中国学术界具有极重要的影响力，是现代中国周公思想文化的开拓者、奠基人。

承兴先生对我的要求也极为严格。十年来，我不仅从他那里学到许多知识，更重要的是受到他高尚品德的熏陶。他不仅学识渊博，为人更是光明磊落，刚正不阿，乐于助人，谦和慈祥。我认为承兴先生的人格完全符合毛主席说的"是一个高尚的人，一个纯粹的人，一个有道德的人，一个脱离低级趣味的人，一个有益于人民的人。"

十一年和承兴先生在一起的耳濡目染，聆听先生孜孜不倦的教诲，为我研究、学习、践行《道德经》，打下了坚实的道德基础。

在此，深深感恩承兴先生对我深深的厚爱。

五、任老的再度重托

2017 年初，任老打电话让我去他家，他很严肃地郑重其事告诉我："根发，我今年 89 岁了，离去西方不远了，但有一事未了，就是将《道德经》用通俗易懂的语言进行注解，让普通老百姓能看得懂，然后，普及全社会，乃至全世界，让人人都能看得懂《道德经》。我是心有余而力不足了，我观察周边的许多人，唯有你能挑得起这个担子。今天，找你来，希望你早日组织团队开始行动，争取早一点完成。"

听了任老的一席话，我感觉沉甸甸的，我本挑不起这个担子，但一看任老期待的目光，我还是答应了。回去后，就组建团队，因为，现在大家都比较忙，几次组织团队都以失败而告终。

任老给我寄来许多相关《道德经》研究资料，寄来了十几本注释版本的《道德经》，隔三差五就来电询问进展情况，我确实感到组织团队压力很大。

六、道友的鼓励与协助

2018 年初，茶界老友王爱科来我处品茶，我将任老委托注释《道德经》一事向他说起，他说："这是件值得干的事，我愿意协助你干，汪老师，组织不了团队，你就亲自写，然后，组织志同道合的人进行研讨，凭你二十年学习《道德经》的功底，一定能干好这件事。"受到老朋友的鼓励，我鼓足勇气，下定决心，沉下心来，从 2 月初开始，试着下笔，每天写一点。在此以后，又有蒲建平先生，刘贺先生，刘炳良先生参与。他们一般情况下，是星期六过来，进行研讨。期间，北京理工大学的朱晓琴教授也多次参与研讨，这对我在注解中不断纠正起到相当大的作用。每到注解几篇脱稿，我总是不择时间地给王爱科道友打电话，分享成功的喜悦。同时，也将译文大意告诉他，让他给提提意见。

有时，到了某个章节，怎么动脑也注解不了，于是，我就放下笔，面对天空发呆，我默默从心中呼喊老子，我说："老子啊，老子，给我灵感吧！我确实注解不下去了。"也许是我心诚的原因吧，一会灵感真的就来了，就这样一关一关的过。

到了 2018 年 8 月 28 日这一天晚上 11 点，《道德经》的注释初稿总算完成了。我顿然感到轻松了许多，心情豁然开朗，心中就像晴日正午的太阳一样明亮。我想美美地睡一觉，临睡前，差不多是凌晨了，我将初稿拍了一张照片发给了好友王爱科，希望他同我一起分享这来之不易的成果。

七、大众的帮助

回想与任老的缘分，是至友王世红先生于 2013 年将我介绍给我尊敬的吴红大姐认识。吴红大姐是我见过最正直无私，一身正气的官员，感恩吴红大姐对我的信任，让我能为任老这样有威望的前辈服务。让我与他们结下了弘扬中华优秀传统文化的缘，才有今日成果。

感恩著名书画大家、中国艺术研究院研究员、中国狂草书画创始人汪易扬先生及夫人金铁柳女士为我画的"老子"圣像。感恩汪致正先生为我提供了《道德经》的繁体原文和拼音简体原文，并提出许多宝贵意见。

感谢公司同仁马京龙先生、刘承杰先生、吴春燕女士的无私帮助，特别是马京龙先生，在我写作期间，他帮助我承担了所有的社会事务，让我能安心写作，并对全稿进行多次校对、编辑，最后印制成册，在此一并表示深深的谢意。

感谢刘贺先生多次帮助我收集有关《道德经》资料和参加多次研讨。

感谢池州老家好友陶国富先生在我注解期间的多次来电鼓励，感谢合肥的江红大姐对本书的帮助与支持。

因我字写得潦草，全部书稿均是公司职员高婷婷女士用业余时间无偿打印的，在此表示十分感谢。

在我写作过程，每每感到很累，总是跑到康华茶庄品茶，每次张华女士总是热心泡茶，鼓励我一定要把《道德经》注解出来。在此，对张华女士及她的丈夫鲍志康先生，和张华的父母一并表示感谢。

再次感谢好友王爱科先生，这本书打印好后，他仔细认真的逐字逐句校对好几遍，对错字、错句进行全面校正，并对译文提出许多意见和修改。

感谢浦建平先生在《老子心语》后期校正付出了大量心血。

感谢鲁小革(鲁良权)先生对《老子心语》的出版给予的大力支持。

感谢栾国英女士参与本书前期编辑及后期校对所付出的辛苦。

感谢鲁常乐女士在后期校对中提出的宝贵意见。

感谢田玉先生、李家康先生、吴海峰先生、李冰先生、蔡丽娟女士、李霞女士、杜屏女士、王丽女士的支持与帮助。

感谢北京凤乐团、爱福生教育机构、中国先秦史学会周公思想文化研究会、黄山汪华文化研究会的支持与帮助。

感恩，许多为这本书默默奉献的人们。

八、感谢家人

我的父母（父亲：汪伟立　母亲：曹四叶）都是农民，还是在扫盲运动中认识几个字，虽然他们没有知识，但在我的心中他们是有文化的人，他们一生品德高尚，为人正直，吃苦耐劳，为人和善。从小对我管教极严，记得我在四五岁时，偷拿别人家的一个鸡蛋，回来后被父亲"毒打"了一顿。一向把我惯得不得了的奶奶此刻也不维护我了，平时护着我的母亲，此时也不讲话了。刚上小学一年级，放学后或星期天就随父母下地拔草，平整土地，若不专心吃苦去老实干活，肯定会挨老爸的一顿打。就在这样的质朴道德环境中，成就了我心中永不磨灭的道德光芒。同时，让我一生养成了勤劳拼搏、奋斗不息的做事准则。

感恩天堂中微笑的奶奶，感恩晚年健康快乐的父母，是你们朴实无华的善良心灵蕴育了我这颗道德光明的心体。

小时候，家里真的很穷，三个妹妹（根凤，玲凤，春凤），一个弟弟（根生）。因为交不起学费，都在小学五年级就辍学了，省下的钱供我一个人上学。时到今日，想一想真是有愧于妹妹弟弟们，唯有为社会多做贡献来表示对他们的安慰。

感谢我的内弟刘忠义和内弟媳姜远芳几十年来对岳父岳母的精心照顾，使我们夫妻能在北京安心创业学习，才有今日的成就。在此，特别怀念 2008 年去佛国的岳父刘炳荣，感恩他老人家生前一直对我的宠爱和关怀。

特别感谢妻子刘满霞几十年来随我一路奔波，并忍受我年轻时的坏脾气，她用善良的心，以吃苦耐劳、勤俭持家的行动，给我一个完善的家，让我在风浪来临时，有一个安全温暖的宁静港湾。感谢她，在我创作期间，对我的生活无微不至的关怀和对我文化事业的支持与帮助。

感谢儿子汪鹏，儿媳刘建英，兢兢业业、安分守己地做好本分工作，让我无所牵挂，能安心创作。

每当灵感丧失，身心劳累时，我就与夫人一起去哄我的长孙汪希泽玩。他今年两岁了，长得水灵灵，人见人爱，特别爱笑，爱表现自己，爱模仿大人的动作。别看他年纪小，但特别机灵，常常做出许多让你笑不拢嘴的小动作来。与他玩一阵，笑够了，灵感从天而降，书中许多灵感，都是由此而来。在此，我也对可爱的长孙汪希泽小朋友表示感谢！

九、心　愿

《道德经》是中华优秀传统文化的根，我们希望通过这本通俗易懂而又不失义理的《老子心语》起到抛砖引玉的作用，能够帮助人们，让人人看得懂《道德经》，人人在日常生活工作中能去践行《道德经》。最终，让《道德经》走进千家万户，遍布世界每一个角落，使家庭和睦，社会和谐，人类和平成为现实。

为了实现这一愿望，就需要一大批热爱中华优秀传统文化的仁人志士的共同智慧，由于我们的水平极为有限，《老子心语》一书错误肯定在所难免，我们真诚地希望广大读者阅读后给予批评指正。我们希望更多的热爱《道德经》的人汇聚起来，一起对《道德经》这部伟大的经典进行长期研讨与践行，特留电子邮箱:15210967913@163.com，手机号（微信同号）15210967913，作为联系方式。恳望一切有志于弘扬中华优秀传统文化的同仁携起手来，为中华民族的全面复兴，为实现伟大的中国梦而共同奋斗。

汪根发

2018 年 10 月 26 日

参考书目

1.（汉）河上公《宋刊·老子道德经》福建人民出版社 2008 年版

2.（汉）嚴遵《老子指歸校箋》上海世纪出版股份有限公司，上海古籍出版社 2013 年版

3.（唐）吕岩《吕祖秘注道德经心传》广西师范大学出版社 2014 年版

4.（明）憨山《老子道德经解》崇文书局有限公司 2015 年版

5.（清）黄元吉《道德经讲义》九州出版社 2014 年版

6.震阳子《道德经注解》大连出版社 1993 年版

7.汪致正《汪注老子》人民出版社 2016 年版

8.任法融《道德经释义》东方出版社 2012 年版

9.张顺和《老子为什么这样说》世界知识出版社 2017 年版

10.郭永进《道德经深意》世界知识出版社 2016 年版

11.刘笑敢《老子古今》五种版本对勘与析评引论（附《老子》五种原文对照逐字通捡）修订版　中国社会

科学出版社 2006 年版

12.（清）爱新觉罗·福临《当顺治遇上老子》-御注道德经赏析　故宫出版社 2014 年版

13.郭芹纳《唐玄宗御注三经》　陕西新华出版社传媒集团，三秦出版社 2017 年版

14.杨郁，黎荔《老子新学大全集》中国城市出版社 2012 年版

15.程东《道可道，非恒道，解老子第一章》汕头大学出版社 2014 年版

16.任继愈《任继愈谈老子哲学》石油工业出版社 2018 年版

17.傅佩荣《傅佩荣译解老子》东方出版社 2012 年版

18.（汉）河上公注 、（三国）王弼注 《老子》上海古籍出版社 2017 年版

《道德經》 繁體版

第一章

道：可道，非常道。名：可名，非常名。無，名天地之始。有，名萬物之母。故，常無，欲以觀其妙。常有，欲以觀其徼。此兩者，同出而異名。同謂之玄，玄之又玄，眾妙之門。

第二章

天下皆知美之爲美，斯惡已。皆知善之爲善，斯不善已。故，有無相生，難易相成，長短相形，高下相傾，音聲相和，前後相隨。是以，聖人處無爲之事，行不言之教。萬物作焉而不辭，生而不有，爲而不恃，功成而弗居。夫惟弗居，

是以不去。

第三章

不尚賢，使民不爭。不貴難得之貨，使民不爲盜。不見可欲，使心不亂。是以，聖人治；虛其心，實其腹，弱其志，強其骨。常使民無知無欲，使夫知者不敢爲也。爲無爲，則無不治。

第四章

道沖，而用之或不盈。淵乎，似萬物之宗。挫其銳，解其紛，和其光，同其塵。湛兮，似若存。吾不知誰之子，象帝之先。

第五章

天地不仁，以萬物爲芻狗。聖人不仁，以百姓爲芻狗。天地之間，其猶橐籥乎？虛而不屈，動而愈出。多言數窮，不如守中。

第六章

谷神不死，是謂玄牝，玄牝之門，是謂天地根。綿綿若存，用之不勤。

第七章

天長地久。天地所以能長且久者，以其不自生，故能長生。是以，聖人，後其身而身先，外其身而身存。非以其無私邪，故能成其私。

第八章

上善若水。水善，利萬物而不爭。處眾人之所惡，故幾於道。居善地。心善淵。與善仁。言善信。正善治。事善能。動善時。夫唯不爭，故無尤。

第九章

持而盈之，不如其已。揣而銳之，不可長保。金玉滿堂，莫之能守。富貴而驕，自遺其咎。功成名遂身退，天之道。

第十章

載營魄抱一，能無離？專氣致柔，能嬰兒？滌除玄覽，能無疵？愛民治國，能

無知？天門開闔，能無雌？明白四達，能無知？生之畜之。生而不有。爲而不恃。長而不宰，是謂玄德。

第十一章

三十輻共一轂，當其無，有車之用。埏埴以爲器，當其無，有器之用。鑿戶牖以爲室，當其無，有室之用。故，有之以爲利，無之以爲用。

第十二章

五色令人目盲。五音令人耳聾。五味令人口爽。馳騁田獵，令人心發狂。難得之貨，令人行妨。是以，聖人爲腹不爲目，故去彼取此。

第十三章

寵辱若驚，貴大患若身。何謂寵辱？辱爲下，得之若驚，失之若驚，是謂寵辱若驚。何謂貴大患若身？吾所以有大患者，爲吾有身，及吾無身，吾有何患？故貴以身爲天下者，則可寄於天下。愛以身爲天下者，乃可以託於天下。

第十四章

視之不見，名曰夷；聽之不聞，名曰希。搏之不得，名曰微。此三者不可致詰，故，混而爲一，其上不皦，其下不昧，繩繩不可名，復歸於無物。是謂無狀之狀，無物之象，是爲忽恍。迎之不見其首，隨之不見其後。執古之道，以御今

之有。以知古始，是謂道紀。

第十五章

古之善爲士者，微妙玄通，深不可識。夫唯不可識，故強爲之容。與兮，若冬涉川。猶兮，若畏四隣。儼兮，其若客，渙兮，若冰之將釋。敦兮，其若朴。曠兮，其若谷，渾兮，其若濁。孰能濁以靜之徐清？孰能安以久動之徐生。保此道者，不欲盈。夫唯不盈，故能蔽，不新成。

第十六章

至虛極，守靜篤。萬物並作，吾以觀其復。夫物芸芸，各復歸其根。歸根曰靜，

是謂復命。復命曰常，知常曰明。不知常，妄作凶。知常容。容乃公。公乃王。

王乃天。天乃道。道乃久。沒身不殆。

第十七章

太上，下知有之，其次，親之譽之。其次，畏之。其次，侮之。信不足焉。猶

兮其貴言，功成事遂。百姓皆謂，我自然。

第十八章

大道廢，有仁義。智惠出，有大偽。六親不和，有孝慈。國家昏亂，有忠臣。

第十九章

絕聖棄智，民利百倍；絕仁棄義，民復孝慈；絕巧棄利，盜賊無有。此三者，以爲文不足。故，令有所屬，見素抱樸，少私寡欲。

第二十章

絕學無憂。唯之與阿相去幾何？善之與惡相去何若？人之所畏，不可不畏。荒兮，其未央哉。衆人熙熙，如享太牢，如春登臺。我獨怕兮其未兆，如嬰兒之未孩，乘乘兮若無所歸。衆人皆有餘。而我獨若遺，我愚人之心也哉，沌沌兮。俗人昭昭，我獨若昏。俗人察察，我獨悶悶，忽兮若海，漂兮若無所止。衆人

皆有以，而我獨頑似鄙。我獨異於人，而貴食母。

第二十一章

孔德之容，唯道是從。道之爲物，唯恍唯惚。惚兮恍兮，其中有象；恍兮惚兮，其中有物。窈兮冥兮，其中有精；其精甚真，其中有信。自古及今，其名不去，以閱衆甫。吾何以知衆甫之然哉？以此。

第二十二章

曲則全，枉則直，窪則盈，弊則新，少則得，多則惑。是以聖人抱一爲天下式。不自見，故明；不自是，故彰；不自伐，故有功；不自矜，故長。

夫唯不爭，故天下莫能與之爭。古之所謂曲則全者，豈虛言哉。誠，全而歸之。

第二十三章

希言自然。飄風不終朝，驟雨不終日。孰爲此者？天地。天地尚不能久，而況於人乎？故，從事於道者，道者同於道。德者同於德。失者同於失。同於道者，道亦樂得之。同於德者，德亦樂得之。同於失者，失亦樂失之。信不足焉，有不信焉。

第二十四章

跂者不立，跨者不行。自見者不明，自是者不彰，自伐者無功，自矜者不長。

其於道也，曰餘食贅行，物或惡之。故，有道者不處也。

第二十五章

有物混成，先天地生。寂兮寥兮，獨立而不改。周行而不殆，可以爲天下母。

吾不知其名，字之曰道。強爲之名曰大，大曰逝，逝曰遠，遠曰反。故道大，

天大，地大，王亦大，域中有四大，而王居其一焉。人法地，地法天，天法道，

道法自然。

第二十六章

重爲輕根，靜爲躁君。是以聖人終日行不離輜重。雖有榮觀，燕處超然。奈何萬乘之主，而以身輕天下？輕則失臣，躁則失君。

第二十七章

善行，無轍迹。善言，無瑕謫。善計，不用籌策。善閉，無關揵而不可開。善結，無繩約而不可解。是以聖人常善救人，故無棄人，常善救物，故無棄物，是謂襲明。故善人者，不善人之師。不善人者，善人之資。不貴其師，不愛其資，雖智大迷，是謂要妙。

第二十八章

知其雄，守其雌，爲天下谿。爲天下谿，常德不離，複歸於嬰兒。知其白，守其黑，爲天下式。爲天下式，常德不忒，復歸於無極。知其榮，守其辱，爲天下谷，爲天下谷，常德乃足，復歸於朴。朴散則爲器，聖人用之，則爲官長。

故，大制不割。

第二十九章

將欲取天下而爲之，吾見其不得已。天下神器，不可爲也。爲者敗之，執者失之。故物或行或隨，或呴或吹，或强或羸，或載或隳。是以聖人去甚，去奢，

以道佐人主者，不以兵強天下。其事好還。師之所處，荆棘生焉，大軍之後，必有凶年。善者果而已，不敢以取強。果而勿矜，果而勿伐，果而勿驕。果而不得已，果而勿強。物壯則老，是謂不道，不道早已。

第三十章

去泰。

第三十一章

夫佳兵，不祥之器。物或惡之，故有道者不處。君子居則貴左，用兵則貴右。

兵者，不祥之器，非君子之器，不得已而用之，恬惔爲上。勝而不美，而美之

者，是樂殺人。夫樂殺人者，則不可以得志於天下矣。吉事尚左，凶事尚右，偏將軍居左，上將軍居右。言以喪禮處之，殺人之眾，以悲哀泣之。戰勝，以喪禮處之。

第三十二章

道，常，無，名樸。雖小，天下，不敢臣。侯王若能守之，萬物將自賓。天地相合，以降甘露，民莫之令而自均。始制有名，名亦既有，天亦將知之，知之所以不殆。譬，道之在天下，猶川谷之與江海。

第三十三章

知人者智，自知者明。勝人者有力，自勝者強。知足者富，強行者有志。不失其所者久。死而不亡者壽。

第三十四章

大道氾兮，其可左右。萬物恃之而生而不辭，功成不名有，愛養萬物而不爲主。常無欲，可名於小。萬物歸焉而不爲主，可名爲大。是以聖人終不爲大，故能成其大。

第三十五章

執大象，天下往。往而不害，安平太。樂與餌，過客止。道之出，口淡乎其無味，視之不足見，聽之不足聞，用之不可既。

第三十六章

將欲噏之，必固張之。將欲弱之，必固強之。將欲廢之，必固興之。將欲奪之，必固與之。是謂微明。柔弱勝剛強。魚不可脫於淵，國之利器不可以示人。

第三十七章

道常，無爲而無不爲。侯王若能守，萬物將自化。化而欲作，吾將鎮之以無名

之朴。無名之朴亦將不欲。不欲以靜，天下將自定。

第三十八章

上德不德，是以有德。下德不失德，是以無德。上德無爲而無以爲。下德爲之，而有以爲。上仁爲之，而無以爲。上義爲之，而有以爲。上禮爲之，而莫之應，則攘臂而仍之。故，失道而後德，失德而後仁，失仁而後義，失義而後禮。夫禮者，忠信之薄，而亂之首。前識者，道之華，而愚之始。是以大丈夫，處其厚，不居其薄。處其實，不居其華。故去彼取此。

第三十九章

昔之得一者。天得一以清。地得一以寧。神得一以靈。谷得一以盈。萬物得一以生。侯王得一以天下爲正。其致之：天無以清將恐裂。地無以寧將恐發。神無以靈將恐歇。谷無以盈將恐竭。萬物無以生將恐滅。侯王無以貴高將恐蹶。故，貴以賤爲本，高必以下爲基。是以侯王自謂孤寡，不穀。此非以賤爲本耶，非乎！故致數車無車。不欲琭琭如玉，落落如石。

第四十章

反者，道之動。弱者，道之用。天下萬物生於有，有生於無。

第四十一章

上士聞道，勤而行之。中士聞道，若存若亡。下士聞道，大笑之。不笑，不足以爲道。故建言有之：明道若昧。進道若退。夷道若纇。上德若谷，大白若辱。廣德若不足。建德若偷。質真若渝。大方無隅，大器晚成，大音希聲，大象無形，道隱無名。夫唯道善貸且成。

第四十二章

道生一，一生二，二生三，三生萬物。萬物負陰而抱陽，沖氣以爲和。人之所惡，唯孤寡，不穀，而王公以爲稱。故物或損之而益，或益之而損。人之所教，

我亦教之。強梁者，不得其死，吾將以爲教父。

第四十三章

天下之至柔，馳騁天下之至堅。無有入無間。吾是以知，無爲之有益。不言之教，無爲之益，天下希及之。

第四十四章

名與身孰親，身與貨孰多，得與亡孰病。甚愛必大費，多藏必厚亡。知足不辱，知止不殆，可以長久。

第四十五章

大成若缺，其用不弊。大盈若冲，其用不窮。大直若屈。大巧若拙。大辯若訥。

躁勝寒，靜勝熱，清靜爲天下正。

第四十六章

天下有道，却走馬以糞。天下無道，戎馬生於郊。罪莫大於可欲，禍莫大於不知足，咎莫大於欲得。故知足之足。常足。

第四十七章

不出戶知天下，不窺牖，見天道。其出彌遠，其知彌少。是以聖人，不行而知。

不見而名，無爲而成。

第四十八章

爲學日益。爲道日損。損之又損，以至於無爲。無爲而無不爲。取天下常以無事。及其有事，不足以取天下。

第四十九章

聖人無常心。以百姓心爲心。善者吾善之，不善者吾亦善之。德善。信者吾信之，不信者吾亦信之。德信。聖人在天下怵怵，爲天下渾其心。百姓皆注其耳

目，聖人皆孩之。

第五十章

出生入死。生之徒十有三，死之徒十有三，人之生，動之死地十有三，夫何故，以其生生之厚。蓋聞善攝生者。陸行不遇兕虎。入軍不避甲兵；兕無投其角，虎無所措爪，兵無所容其刃，夫何故？以其無死地。

第五十一章

道生之，德畜之，物形之，勢成之。是以萬物莫不尊道而貴德。道之尊，德之貴，夫莫之命，而常自然。故，道生之。德畜之，長之，育之，成之，孰之，

養之，覆之，生而不有，爲而不恃，長而不宰，是謂玄德。

第五十二章

天下有始。以爲天下母。既知其母，復知其子，既知其子，復守其母，沒身不殆。塞其兌，閉其門。終身不勤。開其兌，濟其事，終身不救。見小曰明。守柔曰強。用其光，復歸其明，無遺身殃。是爲習常。

第五十三章

使我介然有知，行於大道。唯施是畏。大道甚夷，而民好徑。朝甚除，田甚蕪，倉甚虛，服文綵，帶利劍，厭飲食，財貨有餘，是爲盜夸。非道哉。

第五十四章

善建者不拔，善抱者不脱。子孫祭祀不輟。修之於身，其德乃真。修之於家，其德有餘。修之於鄉，其德乃長。修之於國，其德乃豐。修之於天下，其德乃普。故以身觀身，以家觀家，以鄉觀鄉，以國觀國，以天下觀天下。何以知天下之然哉？以此。

第五十五章

含德之厚，比於赤子。毒蟲不螫，猛獸不據，玃鳥不搏。骨弱筋柔而握固。未知牝牡之合而峻作，精之至也。終日號而不嗄，和之至也。知和曰常，知常曰

明。益生曰祥，心使氣曰強。物壯將老，謂之不道，不道早已。

第五十六章

知者不言，言者不知。塞其兌，閉其門，挫其銳，解其紛。和其光。同其塵。是謂玄同。故不可得而親，亦不可得而疎；不可得而利，亦不可得而害；不可得而貴，亦不可得而賤；故為天下貴。

第五十七章

以正治國，以奇用兵，以無事取天下。吾何以知其然哉？以此：天下多忌諱，而民彌貧；民多利器，國家滋昏；人多伎巧，奇物滋起；法物滋彰，盜賊多有。

故聖人云：我無爲，而民自化；我好靜，而民自正；我無事，而民自富；我無欲，而民自樸。

第五十八章

其政悶悶，其民醇醇；其政察察，其民缺缺。禍兮，福之所倚；福兮，禍之所伏。孰知其極？其無正。正復爲奇，善復爲訞，人之迷，其日固久。是以聖人方而不割，廉而不害，直而不肆，光而不曜。

第五十九章

治人事天，莫若嗇；夫唯嗇，是謂早服；早服謂之重積德；重積德則無不剋；

無不剋則莫知其極；莫知其極，可以有國。有國之母，可以長久。是謂深根固蒂，長生久視之道。

第六十章

治大國若烹小鮮。以道莅天下，其鬼不神。非其鬼不神，其神不傷人。非其神不傷人。聖人亦不傷。夫兩不相傷，故德交歸焉。

第六十一章

大國者，下流。天下之交，天下之牝。牝常以靜勝牡，以靜爲下。故大國以下小國，則取小國。小國以下大國，則取大國。故或下以取，或下而取。大國不

過欲兼畜人，小國不過欲入事人。夫兩者各得其所欲，大者宜爲下。

第六十二章

道者萬物之奧。善人之寶。不善人之所保。美言可以市，尊行可以加人。人之不善，何棄之有？故立天子，置三公，雖有拱璧，以先駟馬，不如坐進此道。古之所以貴此道者，何不日以求得？有罪以免耶？故爲天下貴。

第六十三章

爲無爲，事無事，味無味。大小多少，報怨以德。圖難於其易，爲大於其細。天下難事必作於易，天下大事必作於細。是以聖人終不爲大，故能成其大。夫

輕諾必寡信，多易必多難。是以聖人猶難之，故終無難。

第六十四章

其安易持。其未兆易謀，其脆易破，其微易散。爲之於未有，治之於未亂。合抱之木生於毫末，九層之臺起於累土，千里之行始於足下。

爲者敗之，執者失之。聖人無爲故無敗，無執故無失。民之從事，常於幾成而敗之。慎終如始，則無敗事。是以聖人欲不欲，不貴難得之貨；學不學，復衆人之所過；以輔萬物之自然，而不敢爲。

第六十五章

古之善爲道者，非以明民，將以愚之。民之難治，以其智多。以智治國，國之賊。不以智治國，國之福。知此兩者亦楷式。常知楷式，是謂玄德。玄德深矣，遠矣。與物反矣！乃至於大順。

第六十六章

江海所以能爲百谷王者，以其善下之，故能爲百谷王。是以聖人欲上民，必以言下之。欲先民，必以身後之。是以聖人處上而民不重。處前而民不害。是以天下樂推而不厭。以其不爭，故天下莫能與之爭。

第六十七章

天下皆謂我大，似不肖。夫唯大，故似不肖。若肖，久矣其細。夫我有三寶，持而寶之。一曰慈，二曰儉，三曰不敢爲天下先。慈故能勇，儉故能廣，不敢爲天下先，故能成器長。今舍慈且勇，舍儉且廣，舍後且先，死矣！夫慈以戰則勝，以守則固。天將救之，以慈衛之。

第六十八章

善爲士者不武，善戰者不怒，善勝戰者不與，善用人者爲下。是謂不爭之德，是謂用人之力，是謂配天。古之極。

第六十九章

用兵有言：吾不敢爲主而爲客，不敢進寸而退尺。是謂行無行，攘無臂，仍無敵，執無兵。禍莫大於輕敵。輕敵，幾喪吾寶。故抗兵相加，哀者勝矣。

第七十章

吾言甚易知，甚易行。天下莫能知莫能行。言有宗，事有君。夫唯無知，是以不我知。知我者希，則我者貴。是以聖人被褐懷玉。

第七十一章

知，不知，上。不知，知，病。夫唯病病是以不病。聖人不病，以其病病，是

以不病。

第七十二章

民不畏威，大威至矣。無狹其所居，無厭其所生。夫唯不厭，是以不厭。是以聖人自知不自見，自愛不自貴。故去彼取此。

第七十三章

勇於敢則殺。勇於不敢則活。此兩者，或利或害。天之所惡，孰知其故。是以聖人猶難之。天之道，不爭而善勝，不言而善應，不召而自來。繟然而善謀。天網恢恢，疏而不失。

第七十四章

民不畏死，奈何以死懼之。若使民常畏死。而爲奇者，吾得執而殺之。孰敢？

常有司殺者。夫代司殺者，是謂代大匠斲。夫代大匠斲者，希有不傷手矣。

第七十五章

民之飢，以其上食稅之多，是以飢。民之難治，以其上之有爲，是以難治。

民之輕死，以其求生之厚，是以輕死。夫唯無以生爲者，是賢於貴生。

第七十六章

人之生也柔弱，其死也堅強。萬物草木之生也柔脆，其死也枯槁。故堅強者死

之徒，柔弱者生之徒。是以兵強則不勝，木強則共。強大處下，柔弱處上。

第七十七章

天之道，其猶張弓乎？高者抑之，下者舉之，有餘者損之，不足者與之。天之道損有餘而補不足。人之道則不然，損不足以奉有餘。孰能有餘以奉天下？唯有道者。是以聖人為而不恃，功成而不處，其不欲見賢。

第七十八章

天下柔弱莫過於水，而攻堅強者莫知能勝，其無以易之。弱之勝強，柔之勝剛，天下莫不知，莫能行。故聖人云：受國之垢，是謂社稷主；受國之不祥，是謂

天下王。正言若反。

第七十九章

和大怨，必有餘怨，安可以爲善？是以聖人執左契而不責於人。有德司契，無德司徹。天道無親，常與善人。

第八十章

小國寡民，使有什伯人之器而不用。使民重死而不遠徙。雖有舟輿，無所乘之，雖有甲兵，無所陳之。使民復結繩而用之。甘其食，美其服，安其居，樂其俗。鄰國相望，雞狗之聲相聞，民至老不相往來。

第八十一章

信言不美。美言不信。善者不辯。辯者不善。知者不博，博者不知。聖人不積。

既以爲人己愈有。既以與人己愈多。天之道，利而不害。聖人之道，爲而不爭